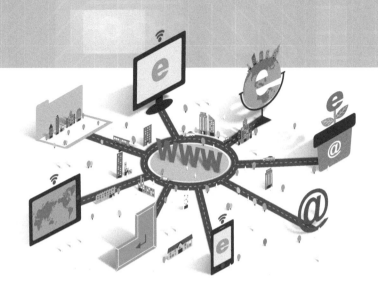

# 컴퓨터의 활용과 실무

김영문

法 文 社

# 아름다운 삶, 사랑 그리고 마무리…

    1997년 11월에 한국이 경제부도의 위기로 내몰리면서 수많은 직장인들이 정든 회사를 떠나 길거리로 쏟아져 나왔었는데, 그때에 실직자들을 위해 막연히 무엇인가 도움이 되는 일을 해야 하겠다는 생각을 갖고 금훈섭 (주)이야기 대표, 신순희 (주)모든넷 대표, 하태호 사랑넷 대표 등을 만나서 1998년 8월에 한국소호벤처창업협의회(soho.sarang.net)라는 이름으로 모임을 만들었습니다. 무엇인가 거창한 단체를 만들겠다는 생각보다는 삶의 터전을 잃고 희망을 잃어버린 실직자들에게 조그마한 도움이라도 드리고 싶었습니다.

    그 이후 1999년 3월에 계명대학교 대명캠퍼스 시청각실에서 대구광역시 곽영길 당시 주임의 도움을 받아서 「'99 소호창업박람회」를 개최하였는데, 아마도 3,000명 정도는 참가한 것으로 기억이 납니다. 부스 40개를 설치하였고 세미나도 진행하였는데, 그 당시 신일희 계명대학교 총장님을 비롯한 참석한 내빈들이 박람회장에 들어가기도 힘들 정도로 많은 예비창업자들이 참석을 하였습니다. 개회사를 하면서 벤허 영화를 감독한 윌리엄 와일러가 시사회에서 말한 "하느님, 이 영화를 정말 제가 만들었습니까?"를 인용하면서 감격해 했던 생각이 아직도 생생합니다.

    1999년 10월에는 중소기업청으로부터 한국소호진흥협회(www.sohokorea.org)로 명칭을 변경하여 사단법인 인가를 받았는데, 그 당시에 신민철 사무관께서 사단법인 인가를 받을 생각이 없느냐고 했을 때에 처음에는 거절했던 생각도 납니다. 사단법인을 만들기 위해서 창업분야의 일을 하였던 것도 아니었고, 굳이 사단법인이 필요하지 않았던 것입니다. 그 이후 한두 번 정도 더 전화를 받고서야 사단법인을 만들어서 일을 해야 하겠다는 생각을 하였습니다. 그때에는 소호(soho)라는 말보다는 벤처(venture)라는 말이 더 인기가 있었기 때문에 소호관련 협회를 운영하는 것이 매우 힘들기도 하였습니다.

    2001년에는 뉴비즈니스연구소(www.newbiz.or.kr) 사이트를 뜻을 같이 하시는 분들과 함께 개설하였는데, 그것은 생각하는 창업, 연구하는 창업, 뿌리가 있는 창업의 필요성을 느끼면서, 창업도 조사와 연구를 통해서 발전할 수 있다는 것을 알았기 때문입니다. 다른 사람의 아이템을 베끼거나 대충 시작해서는 절대로 성공창업을 보장받을 수 없기 때문입니다. 개인적으로 볼 때에는 뉴비즈니스연구소(www.newbiz.or.kr) 사이트를 오픈하면서 창업관련 조사 및 연구 활동을 활발하게 진행하였습니다. 물론 뉴비즈니스연구소라는 사이트가 설립 취지에 맞게 성공하였다고는 할 수가 없으나 창업분야에서 조사 및 연구가 얼마나 중요한가를 깨닫게 된 계기가 되었습니다.

2003년도에는 저에게 전혀 예상하지 못한 일이 일어났습니다. 그것은 계명대학교 벤처창업보육사업단의 설립을 위해 일을 하였지만, 설립 후 전혀 사업단의 운영에 참여하지 못해 많은 서러움을 갖고 있었던 저에게 사업단장이라는 직책이 맡겨지게 되었습니다. 제가 그 일을 맡게 될 것이라고는 꿈에도 생각하지 않았기에 혼신의 힘을 다해서 열심히 일을 하였다고 자부합니다.

2003년 2월 1일부터 계명대학교 벤처창업보육사업단(www.kubic.co.kr)의 단장으로 일을 하면서 중소기업청 평가에서 대구경북지역 36개 창업보육센터 중에서 유일하게 6년 연속 최우수 평가를 받았습니다. 2005년에는 정부통신부장관 표창을 받았으며, 그해 전국 최우수 창업보육센터장으로 선정되어 산업자원부장관 표창을 받기도 하였습니다. 이러한 업적들은 함께 수고한 박신제 매니저, 정태용 매니저, 차재민 매니저, 김미영 매니저 등 사업단에 근무하는 모든 분들의 수고 때문이라고 생각하며, 고마움을 전하고자 합니다.

이렇게 창업분야의 일을 하다보니 방송과도 인연이 많았습니다. 1999년에는 TBC 라디오 박원달PD와 인연을 맺으면서 「알기쉬운 경제교실」에 1년 6개월간 출연하였으며, TBC TV의 아침방송에서 이학락PD와 함께 「클릭! 김영문의 인터넷세상」을 6개월간 진행하였으며, KBS 1라디오에서 김지인 부장과 「창업이 보인다」라는 프로그램 꼭지에 4년 이상 고정 출연을 하고 있습니다.

언론활동 중에서 아마 가장 기억에 남은 방송이라면 당시 KBS 9시뉴스 진행자였던 황현정 아나운서와 서울 여의도에서 소호창업에 대해 2시간 생방송을 했던 것이었습니다. 처음에는 힘들었던 방송이 그 이후에는 너무 쉽게 느껴졌으나 이제는 말 한마디에도 책임감을 느끼는 시간들이 되었습니다. 저의 한 마디로 인해 방송을 보고 듣는 분들에게는 알토란 같이 모은 전 재산을 날릴 수도 있다는 것을 알게 되었기 때문입니다.

2004년 4월 20일에는 사랑나눔재단(www.mis.or.kr)을 예수그리스도의 인도하심으로 설립하여 2006년 2월 22일에 대구광역시로부터 사랑나눔회(www.mis.or.kr, 현재 웹사이트는 폐쇄하였으며 cafe.daum.net/isoho2jobs에서 통합 운영하고 있음)로 명칭을 변경하여 비영리민간단체(Non-Profit Organization, NPO)로 인가를 받았습니다. 사랑나눔회는 저의 삶에서 가장 중요한 일 중의 하나이기도 하였으며, 거듭나는 삶의 은사를 받는 계기를 마련해 주었습니다. 천상천하유아독존(天上天下唯我獨尊)과 같은 삶에서 낮추고, 덜어내고, 긍휼히 여기는 마음을 갖도록 오래전에 예수그리스도께서 저에게 예비하신 길이었다는 것을 굳게 믿습니다.

사실, 1998년부터 무엇 때문에 제가 창업분야의 일을 하게 되었는가에 대해 가끔 스스로에게 궁금하게 생각을 하였는데, 지금 생각해 보면 사랑나눔회를 위한 준비와 훈련을 시키신 것이었다고 생각됩니다. (사)한국소호진흥협회에서 일을 하면서 프랜차이즈 본사와의 갈등이 너무 많아서 협회의 운영에 대해 좌절과 회의가 많았는데, 사랑나눔회에서 봉사를 하면서 나눔의 즐거움과 기쁨의 시간이 너무 많았습니다. 창업이라는 분야에서도 늘 다른 곳에서 방황하다가 이제야 제가 있어야 하는 곳에 왔다는 생각을 하게 되었습니다.

2005년 9월 1일에는 뉴비즈니스연구소 카페(cafe.daum.net/isoho2jobs)를 개설하였는데, 예비창업자들을 위해 매주 창업행사를 개최하며 창업상담도 해 드리는 기회를 만들어 보기 위함이었고, 아울러 사랑나눔회를 운영하기 위한 복지기금이 필요했기 때문이기도 하였습니다. 카페에서 진행하는 행사에 오시는 모든 분들이 사랑나눔회의 아름답고 따뜻한 후원자라는 것을 생각할 때에 그저 감사한 마음뿐입니다. 그 분들의 참가비는 한 푼의 낭비도 없이 예수그리스도께서 보시기에 부끄러움이 없도록 장애인, 모자가정, 교도소 수용자 등의 소외계층과 국내외의 선교사업을 위해 사용되고 있습니다.

2010년 3월 10일에는 대구경북창업카페연합회(cafe.daum.net/isoho2jobs)를 설립하였는데, 그것은 활동의 범위를 대구경북지역으로 한정하여 창업을 해야 하는 분들에게 소박하게 봉사하기 위함이었습니다. 이를 위해 사단법인 한국소호진흥협회 및 여러 관공서의 각종 위원 등을 모두 정리하였습니다. 남은 삶을 한 곳에 헌신하고, 그리고 아름답게 마무리를 하기 위한 마지막 준비라는 생각을 하였습니다.

사실 1998년 8월 이후 창업분야의 일을 하면서 주머니에는 늘 위장약을 갖고 다니면서 복용하였으며, 2003년 5월에 의식을 잃고 택시에 실려 병원에 가기도 하였습니다. 그때에는 식구들도 몰라보게 되었는데, 택시를 타고 병원에 가면서 조금씩 의식을 회복하게 되었습니다.

하지만, 또 다시 2009년 11월 28일 토요일 저녁에 잠을 자다가 뇌출혈로 다시 병원에 가게 되었으며 병원에 도착하자마자 의식을 잃고 뇌수술을 받게 되었습니다. 8일 만에 의식을 다시 찾았으며, 16일간의 중환자실 및 총 27일간의 입원을 통해 겨우 생명을 다시 찾았습니다.

한편, 2011년 3월에는 연구년 기간 중에 창업선도대학 계명대학교 창업지원단의 기술창업육성부장이라는 보직을 발령받았고, 그 해 11월 1일에는 창업지원단장의 보직을 발령받아 2013년 1월 31일까지 일을 하였습니다. 오직 예비창업자들만을 생각하면서 정말로 열심히 일을 하였으며, 2011-2012년의 창업선도대학 사업실적 평가에서 전국 18개의 창업선도대학 중에서 1위를 하였습니다. 하지만, 과로 및 스트레스로 인해 2012년 말에 뇌출혈의 후유증으로 인해 2번이나 쓰러져서 창업지원단장이 직에서 사임을 하고 연구실로 돌아왔습니다. 앞으로 계명대학교에서의 남은 시간들은 교수라는 위치로 온전히 돌아와서 학생들에게는 좋은 강의를 하고, 창업의 모든 분야를 더 깊이 있게 연구하기 위해서 모든 시간을 보내게 될 것입니다.

오랜 시간을 되돌아 가보면, 대학교 3학년 때에 학회장에 출마하면서 선거유세를 위해 강의실을 다니면서 「不義와 타협하지 않겠습니다.」라는 글자를 칠판에 적은 기억이 납니다. 그때의 그 마음이 아직도 그리고 앞으로도 변치 않기를 다짐하면서, 참으로 어지럽고 혼탁한 창업시장에서 아직은 저의 역할이 있음을 생각합니다. 아니, 저를 통해서 이루고자 하는 그 분의 뜻을 더 많이 알기를 원하며, 저에게 주신 재능을 통해 더 많은 분들이 창업을 통해 경제적으로 자립하고, 홀로서기를 하고, 아울러 승리했으면 하는 소망이 있습니다.

1998년 이후 창업분야에서 일을 해 오면서 배운 창업이론과 실무지식 그리고 창업현장에서의 경험을 바탕으로 지금까지 18권의 창업관련 책을 출판하였습니다. 이러한 저서들을 집필함에 있어 선후배들의 자료를 참고로 정리하였고, 제가 쓴 글이나 설문조사한 자료들을 추가하면서 저 나름대로의 생각들을 담으려고 노력도 하였습니다.

하지만, 이번 책의 경우에는 창업자들이 알아야 하는 경영실무 중에서 특별히 SNS마케팅을 활용한 상품판매를 중심으로 중요한 실무지식을 담으려고 노력하였으나 창업이나 실무 경력이 부족하다 보니 보시기에 많이 미흡하고 때로는 다른 선배 교수님들의 업적을 가로챈 느낌마저 갖게 되어 송구스럽게 생각합니다. 혹시라도 본문 중에 참고문헌을 누락되었다면 절대로 고의가 아니었음을 말씀드리면서 너그럽게 용서를 구하고자 합니다.

책의 서문에 무엇을 담을까 생각하다가 1998년 이후 창업분야에 몸을 담으면서 있었던 일들을 조금 정리해 보았습니다. 여기에 다 담지 못한 이야기들도 있고, 감사의 표시를 제대로 하지 못한 분들도 있습니다. 저를 낳아주시고 미국 유학경비를 보내 주시느라고 고생을 너무 하신 부모님, 그리고 세상에서 저와

소중한 인연을 맺은 가족들에게도 고마움을 전합니다.

그리고 2004년에 사랑나눔회를 시작하면서 나눔과 선교의 사업에 함께 하는 모든 분들에게도 진심으로 고마움을 전하면서, 사랑나눔회가 대를 이어 계속되기를 소망합니다. 사실, 사랑나눔회의 도메인 중에서 MIS는 management information system의 약어로서 당초 제가 근무하는 경영정보학과의 홈페이지로 사용할 계획이었으나, 2004년에 부산창업박람회를 참관하고 오늘 길에서 "mis(mission in sharing and humanity services) for glory of the God"가 갑자기 생각났는데 그것은 그 분의 인도하심이라고 생각합니다. 지금 생각해 보면, 약20년 동안 창업분야에서 일을 하게 된 것도, 그리고 이 책을 쓰게 된 것도 모두 사랑나눔회를 통해 나눔과 선교사업에 일을 하신 그 분의 뜻이 있었다고 생각합니다.

그리고 살아오면서 때로는 저로 인해 고통을 받았거나 분노한 분들도 많이 있을 것이며, 지면을 빌려 죄송한 말씀과 용서를 구하고자 합니다. 철없던 시절의 잘못된 생각으로 많은 분들에게 심적, 육체적 고통을 주었음을 고백하며, 앞으로는 더 많은 분들에게 희망, 꿈, 소망, 그리고 행복을 드릴 수 있도록 남은 삶을 바치고자 합니다.

끝으로, 본 저서의 내용과 관련하여 몇 가지를 알려 드리고자 하며, 기업경영의 성과를 향상시키기 위해서는 포토샵 및 HTML 명령어를 효과적으로 활용할 수 있어야 한다는 것을 꼭 생각해야 합니다.

1. 먼저 [제3부 포토샵의 활용과 실무]에서 사용하는 실습용 포토샵 이미지들은 뉴비즈니스연구소(cafe.daum.net/isoho2jobs)의 [창업강의실＋실습교육] 게시판에 [[다운받기] 포토샵 실습이미지 압축파일 2개]]로 등록되어 있으며, 다운 받아서 실습해 보면 됩니다.

2. 저서의 내용에 관해서 질문이 있거나 [컴퓨터의 활용과 실무(＝포토샵 및 HTML＝)]에 대한 도움이 필요하시면 맛따라☆길따라☆창업 밴드(band.us/band/70870679)를 활용해 주시면, 최대한 그리고 적극적으로 도움을 드릴

것입니다.

3. 본 저서에 수록되어 있는 포토샵 및 HTML 명령어를 효과적으로 활용하면, 창업기업의 매출을 지속적으로 향상시킬 수 있다는 것을 생각하면서 어떻게 효과적으로 활용할 것인가에 대해서 끊임없이 고민하는 것이 필요합니다.

4. 마지막으로 본 저서에 있는 다양한 포토샵 및 HTML 명령어에 관한 실무지식을 경쟁적 관계에 있는 사이트들과 비교하여 어떻게 차별적으로 활용할 것이며, 또한 경쟁적 우위를 지속적으로 유지하기 위해 어떻게 활용할 것인가에 대해 깊이 고민하시기 바랍니다.

2024년 2월에
김영문 드림

# 차 례

contents

차 례

PART 3     포토샵의  활용과 실무

contents

차 례

차 례

contents

차     례

차 례

# 경영성과 향상을 위한 웹사이트의 개발 및 운영

# 외부사이트를 연동하는
# 웹사이트의 개발 및 운영

전통적인 방식의 홈페이지 개발은 하나의 서버(server) 내에 기업의 모든 콘텐트가 저장되어 있게 되는데, [그림 1-1]과 같이 사람들이 많이 접속하고 활용하는 다양한 외부사이트들을 활용하는 웹사이트의 개발도 생각할 수 있다. 이것은 분명 전통적인 방식에 비하여 많은 장점들이 있다고 판단된다.

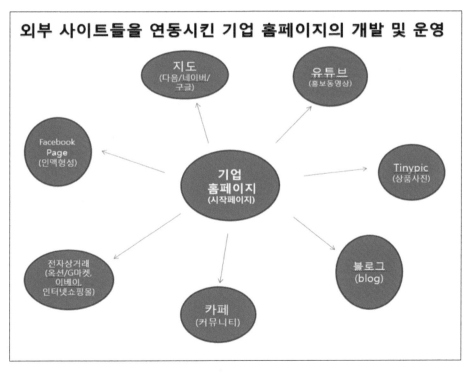

그림 1-1  기업 홈페이지의 개발 및 운영 구조도

① 다양한 사이트에 기업의 다양한 콘텐츠가 등록되게 되는데, 이
   것은 기업관련 정보들의 노출 빈도를 증가시킬 수가 있어서 기
   업에 대한 홍보 효과가 더 증가될 수 있다.
② 인지도가 높은 외부 사이트들의 기능들을 무료로 활용할 수 있
   다는 장점이 있으며, 홈페이지의 개발 및 유지보수에 소요되는
   시간과 경비를 대폭 절감시킬 수 있다.
③ 시작페이지에서 연결되는 다양한 외부사이트들을 하나의 독립적
   인 사이트로 개발하고 운영할 수 있는 장점이 있다.
④ 컴퓨터 및 인터넷 기술의 변화에 따라 신속하게 새로운 기술 혹
   은 웹사이트들을 접목시킨 홈페이지의 개발 및 변경이 가능하다.
⑤ 시작페이지 및 여러 외부사이트들이 HTML 명령어를 활용하여
   상호 연동되어 연결될 수 있기 때문에, 전통적인 홈페이지에 비
   하여 국내 및 해외의 다양한 외부사이트들을 적극적으로 활용할
   수 있는 장점이 있을 것이다.

한편, [그림 1-1]에 있는 기업 홈페이지의 시작페이지 및 다양한
외부 사이트들의 개발 및 효과적인 활용에 대해 구체적으로 살펴보면
다음과 같다.

**그림 1-2** 윅스(wix)를 활용한 시작페이지 만들기

## (1) 기업 홈페이지의 시작페이지

기업 홈페이지의 메인페이지 혹은 시작페이지는 기업을 소개함과 동시에 여러 외부 사이트들을 HTML 명령어로 연결(link)하기 위해 필요한데, 윅스(www.wix.com), 다음(Daum) 및 네이버(Naver)의 카페(cafe), 구글 사이트 도구, 티스토리(tistory) 등을 시작페이지로 사용할 수 있다. [그림 1-2]는 코딩 지식이 없어도 콘텐츠 드래그만으로도 웹사이트를 만들 수 있는 노코딩 개발 플랫폼이라고 할 수 있는 윅스(ko.wix.com)를 시작페이지로 활용한 사례이며(CWN, 2022.09.02.), 시작페이지에서 아래와 같은 10개의 외부사이트들을 HTML명령어로 링크시키고 있다. 물론 기업의 성격 및 목표에 따라 시작페이지 및 외부사이트들은 언제든지 변경될 수 있다.

① 회사의 소개 및 CEO 인사
② 고객들과의 소통을 위한 커뮤니티(Daum 블로그)
③ 고객들과의 소통을 위한 커뮤니티(Naver 블로그)
④ 기업홍보 동영상 안내(YouTube, 네이버TV 및 카카오TV)
⑤ 판매상품 구매장터(옥션 스토어)
⑥ 기업소개 사진(TinyPic)
⑦ 최근 창업동향 및 트렌드(Daum 블로그)
⑧ 최근 창업동향 및 트렌드(Naver 블로그)
⑨ 회사의 위치 및 찾아오시는 길
⑩ SNS(Facebook)

예를 들어, 시작페이지에서 저자의 SNS(Facebook)로 링크시키기 위해 사용할 수 있는 HTML 명령어는 다음과 같다.

```
<a href="https://www.facebook.com/YoungmoonKim/" target="_blank">
<font color=blue><b>SNS(Facebook)</b></font>
</a>
```

## (2) Facebook Page

페이스북 페이지(facebook page)는 회사, 브랜드 및 단체가 자신들의 소식을 공유하고 사람들과 연결할 수 있는 공간이라고 할 수 있다. 개인 프로필(profile)과 마찬가지로 페이지(page)도 소식을 게시하거나 이벤트를 열거나 앱을 추가하는 등 다양한 활동을 통해 자유롭게 활용할 수 있다. 또한, 페이스북에 등록하는 사용자는 각자 하나의 계정과 로그인 정보를 가지며, 계정마다 개인 프로필 1개가 포함되는데 하나의 계정에서 여러 페이지(page)를 만들고 관리할 수 있다.

## (3) 전자상거래

기업에서 생산된 제품을 판매하기 위해서 옥션, G마켓 혹은 이베이(eBay) 등과 같은 전자상거래 사이트를 활용할 수 있다. 또한 옥션과 이베이에서는 스토어(store) 그리고 G마켓에서는 미니샵(minishop)을 개설하여 상품을 판매할 수 있는데, 이것들은 판매자의 인터넷쇼핑몰 혹은 온라인 매장으로 활용할 수 있다.

## (4) 카페

카페(cafe)는 다음(Daum)과 네이버(Naver)에서 무료로 개설할 수 있으며, 기업의 상품을 구매하는 고객 및 기업과 관계가 있는 사람들을 위한 커뮤니티로 운영할 수 있다. 또한 카페(cafe)에 있는 [상품등록게시판]에서 상품 판매도 할 수 있으며, 구매자들은 실시간 계좌이체, 신용카드, 그리고 무통장입금으로 결제를 할 수 있다.

## (5) 블로그

블로그(blog)는 다음(Daum), 네이버(Naver), 구글(Google), 이글루스(www.egloos.com) 등에서 개설할 수 있으며, 기업 관련 소식, 신상품 정보들을 제공하는 하나의 게시판(bulletin board system)과 같은 기능으로 활용할 수 있다. 하지만, 온라인 결제솔루션을 활용하면, 블로그에서도 홍보뿐만 아니라 상품을 판매하는 전자상거래가 얼마든지 가능하다.

### (6) 상품사진

기업에서 생산하거나 판매하고 있는 상품들에 대한 사진(이미지), 기업관련 다양한 사진들을 고객들에게 보여주기 위해서는 포토샵으로 제작된 상품이미지들을 상품이미지 호스팅 사이트에 등록한 후에 <img src> 명령어를 사용하면 된다. 즉, [그림 1-2]의 기업 홈페이지(시작 페이지)에서 <img src> 명령어를 사용하여 상품이미지 호스팅 사이트에 등록되어 있는 상품들에 대한 사진(이미지)들을 불러와서 보여줄 수 있다. 혹은 인스타그램(Instagram)에 상품사진을 등록한 후에 시작페이지에서 HTML명령어를 활용하여 링크시킬 수 있다.

### (7) 유튜브

유튜브(www.youtube.com)는 세계 최고의 동영상 전문 사이트이며, 기업에 대한 홍보 동영상(UCC, User Created Contents)을 등록할 수 있다. 또한 [그림 1-3]과 같이 유튜브 내에 있는 마이 채널(my channel)에서 고객들이 기업에 대한 모든 홍보 동영상들을 볼 수 있도록 하면 된다. 최근에는 네이버 TV(tv.naver.com) 및 카카오TV(tv.kakao.com)에도 기업의 홍보 동영상을 등록하여 시작페이지에서 HTML명령어를 활용하여 링크시킬 수 있는데, 아래는 저자가 운영하고 있는 네이버 TV 및 카카오TV의 주소이다.

① 네이버 TV(tv.naver.com/isoho2jobs)

② 카카오TV(tv.kakao.com/channel/4379091/video)

그림 1-3  유튜브의 채널

### (8) 지도(map)

네이버 지도(map.naver.com), 다음 지도(local.daum.net), 구글 맵스 (maps.google.co.kr) 등에서 제공하는 지도를 활용하여 고객들에게 기업 의 위치 및 제품을 판매하고 있는 전국에 있는 점포들의 위치에 대한 정보를 제공할 수 있다.

### (9) 기타

기업에서 고객들에게 제공하고 싶은 추가적인 정보들이 있는 경우 에는 다양한 웹사이트들을 기업 홈페이지의 시작 페이지에서 HTML 명령어로 링크시켜 활용할 수 있다.

**참고** 윅스(wix)로 홈페이지 만들기

위에서 윅스(wix)를 기업 홈페이지의 시작페이지로 활용하면서 홍보를 위한 홈페이지 만들기에 대해 설명을 하였는데, 아래의 사이트에서 더 많은 실무 지식 및 정보를 확보할 수 있다.

ⓐ 윅스로 무료 홈페이지 만들기(blog.naver.com/rproud1/222703392309)

ⓑ 무료 홈페이지 만들기(blog.naver.com/jamomanagement/222584690139)

ⓒ 윅스(WIX)에서 홈페이지와 로고 만들기(funfunhan.com/2477447)

ⓓ 윅스(Wix)로 하루만에 홈페이지 만들기(reddreams.tistory.com/1358)

# I2 티스토리를 활용한 웹사이트의 개발 및 운영

한때 토종 사회관계망 서비스(SNS)인 블로그(blog)를 주름잡던 3강 체제는 네이버, 다음, 티스토리였다고 할 수 있지만(디지털데일리, 2023.11.2.), 시간이 흘러 영향력을 잃은 다음 블로그는 17년 만에 문을 닫고 티스토리(ISTORY)와 통합되었다. 이에 따라 다음 블로그 대신에 티스토리를 윅스(wix)의 경우와 같이 시작페이지로 활용할 수 있는 절차는 아래와 같다.

① 티스토리(www.tistory.com)에 접속하여 로그인한다.

② 오른쪽 상단에서 연필 모양을 클릭하여 글쓰기를 한다([그림 1-4] 참조).

③ 오른쪽 상단에 있는 [기본모드]를 클릭한 후에 [HTML]을 클릭한다.

④ 제목을 입력한 후에 HTML 명령어, 포토샵 이미지 및 이미지 호스팅 사이트를 종합적으로 활용하여 본인이 선정한 모든 외부사이트들에 대한 링크명령어를 완성한 후에 [완료]를 클릭한다([그림 1-5] 참조).

⑤ 링크명령어를 만든 본인 티스토리의 해당 페이지(newbiz2001. tistory.com/3)를 경영성과의 향상을 위한 웹사이트의 시작페이지로 활용할 수 있는데, SNS(Facebook)를 클릭하게 되면 저자의 페이스북으로 링크가 된다. [그림 1-5]의 다른 메뉴들도 HTML 명령어, 포토샵 이미지 및 이미지 호스팅 사이트를 활용하여 외부사이트로 링크시켜서 경영성과를 향상시킬 수 있는 다양한 정

그림 1-4 티스토리(TISTORY)에서의 글쓰기

그림 1-4 티스토리(TISTORY)에서의 글쓰기

그림 1-5 티스토리(TISTORY)를 활용한 시작페이지

보를 제공할 수 있다.

⑥ 링크명령어를 만든 본인 티스토리의 해당 페이지(newbiz2001.
tistory.com/3)는 도메인 포워딩(domain forwarding)을 활용하여 간
략하고 편리한 도메인 주소로 연결하여 서비스가 되도록 할 수
있다. 즉, 티스토리의 해당 페이지(newbiz2001.tistory.com/3)를
www로 시작되는 인터넷 주소로 연결시킬 수가 있다는 것이다.

**참고**  도메인 포워딩(domain forwarding)은 고객의 웹 사이트를 포워딩 업체가 등
록한 간략하고 편리한 도메인 주소로 연결하여 서비스가 되도록 해주는 것
을 말한다. 예를 들어, http://www.freechal.com/~topnote와 같은 것을
http://top.note.to로 간략하게 바꾸어 접속할 수 있게 해 준다(네이버 지식
백과, terms.naver.com)

**참고**  오씨네학교(www.youtube.com/@oc_school)에서는 아래와 같이 윅스(wix)
를 활용하여 홈페이지를 만드는 방법에 대한 강좌들을 제공하고 있다.
① wix 윅스 무료 홈페이지 만드는 방법, 만들기 동영상강의 강좌 1
② wix 윅스 무료 홈페이지 만드는 방법, 만들기 동영상강의 강좌 2

# 포토샵 및 HTML 입문

제2부에서는 먼저 포토샵을 활용한 이미지 만들기에 대해 살펴보고, 직접 만든 포토샵 이미지를 서버(이미지 호스팅 사이트, image hosting site)에 등록하여 활용하는 방법에 대해 설명할 것이다. 또한 웹사이트의 개발을 위한 다양한 HTML명령어의 활용에 대해서도 설명할 것이다.

CHAPTER

# 포토샵을 활용하여
# 이미지 만들기

## 1. 작업창 만들기

(1) 새로운 이미지를 만들기 위하여 [그림 2−1]과 같이 작업창을 만들어야 한다.

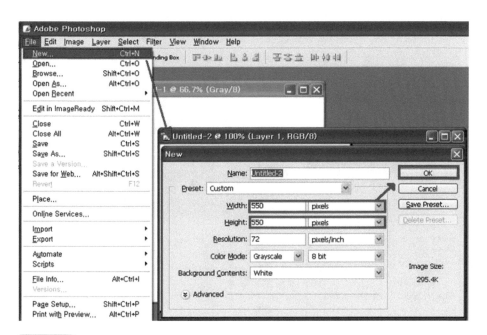

그림 2−1   작업창 만들기

(2) 이를 위해서 먼저 포토샵을 실행하고, 메뉴 중에서 [File]−[New]를 클릭한다.

(3) 대화상자에서 작업에 필요한 가로, 세로 크기를 입력해야 하는 데, 포토샵으로 만들고 싶은 이미지의 크기를 결정한 후에 입력하면 된다. 이때에 주의할 점은 반드시 픽셀(pixels)이라는 단위를 사용해야 한다는 것이다. 여기에서 포토샵 이미지를 이루는 가장 작은 단위인 네모 모양의 작은 점들을 픽셀(Pixel)이라고 하는데, 픽셀은 영어로 그림(picture)의 원소(element)라는 뜻을 갖도록 만들어진 합성어이다(네이버 지식사전, terms.naver.com).

## 2. 이미지 불러오기

(1) [그림 2-2]와 같이 이미지를 만드는데 필요한 이미지(혹은 직접 촬영한 사진)를 불러온다. 즉, 포토샵으로 만들게 되는 이미지는 텍스트 입력 외에도 최소 1장의 이미지(혹은 직접 촬영한 사진)가 필요하기 때문이다.

그림 2-2　이미지 불러오기

(2) 메뉴 중 [File]−[Open]을 클릭하여 이미지 파일을 찾아 열기를 클릭하면 되는데, 직접 촬영한 이미지가 아닌 경우에는 저작권을 확인한 후에 사용하는 것이 필요하다. 이미지를 인터넷에서 다운 받아 사용하는 경우에는 저작권의 문제가 발생할 수 있기 때문에 무료로 사용할 수 있는가를 반드시 확인하는 것이 필요하다.

## 3. 작업창에 이미지 붙이기

(1) [그림 2−2]에서 이미지를 불러온 작업창을 선택한 후에 레이어(layer) 창에서 배경 레이어(background layer)를 선택한 상태에서 [그림 2−3]에서 새로 만든 이미지 창(작업창)으로 레이어를 드래그 앤 드롭(drag−and−drop, 마우스를 이용하여 끌어가서 이동시키는 것)한다.

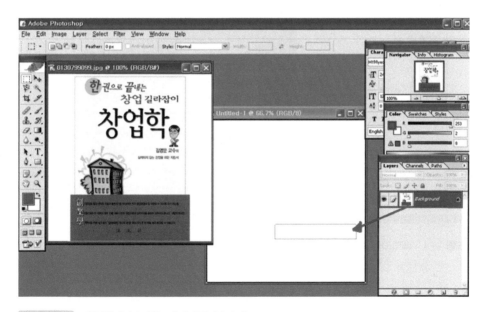

그림 2-3  작업창에 불러온 이미지를 붙이기

(2) 이때에 [2. 이미지 불러오기]에서 불러온 이미지의 레이어(layer)가 자물쇠 모양으로 잠겨 있는 경우에는 먼저 [이미지]−[모드]에서 [RGB 색상]을 선택(혹은 Ctrl+J 버튼을 입력 혹은 해당 레이어를 더블클릭해도 됨)하여 잠긴 상태를 해제한 후에 (배경)레이어를 드래그 앤 드롭(drag−and−drop)하면 된다. 즉, 레이어 잠금 상태를 먼저 해제하는 것이 필요하다([그림 2−4] 참고).

(3) 작업창에 이미지 붙이기를 할 수 있는 또 다른 방법으로는 복사를 원하는 이미지에 대해 [선택]−[모두]를 클릭하여 선택한 후에 Ctrl+C 키를 눌러서 복사하기를 하고, 새로 만든 이미지 창(작업창)을 선택한 후에 Ctrl+V 키를 눌러서 붙이기를 해도 된다.

그림 2-4  레이어 잠금 상태의 해제

참고 포토샵 레이어(layer): Photoshop 레이어는 아세테이트지(acetate paper, 투명필름 중 하나)를 여러 장 겹쳐 놓은 것과 같으며, 레이어의 투명 영역을 통해 밑에 있는 레이어까지 볼 수 있다. [그림 2−3]에서 오른쪽에는 1개의 레이어를 볼 수 있는데, 포토샵 작업을 할 때에는 반드시 작업을 하고자 하는 레이어를 마우스로 먼저 선택하는 것이 중요하다.

참고 이미지를 불러온 후에 오른편에 있는 배경 레이어(layer)에 자물쇠 모양이 나타나있는 것도 확인할 수 있는데, 자물쇠가 보이는 이 상태는 레이어가 잠금 상태인 것을 의미한다(thirdhz7.tistory.com/139). 따라서 자물쇠 없앤 후에 작업하는 것이 필요한데, [이미지]−[모드]−[RGB 색상]을 선택하거나 자물쇠 모양이 있는 레이어를 더블클릭을 한 후에 [승인]을 클릭해도 된다 ([그림 2−4] 참고).

## 4. 이미지 크기 조절하기

(1) 작업창에 불러온 이미지 크기를 조절하기 위하여 메뉴 중 [Edit]-[Free Transform(자유변형)]을 선택하면 된다([그림 2-5] 참고).

(2) 단축키를 이용하려면 Ctrl+T(자유변형)를 누르면, 이미지에 8개의 조절점이 있는 사각형이 생긴다.

(3) 8개의 조절점을 이용하여 이미지의 크기를 적당한 크기로 조정한다.

(4) Shift 누른 상태에서 마우스를 사용하여 이미지의 크기를 조정하면, 가로-세로 비율이 일정하게 조정된다. 그렇지 않는 경우에는 이미지의 가로 및 세로 비율이 유지되지 않기 때문에 이미지의 모양이 찌그러지거나 완전히 달라질 수 있다.

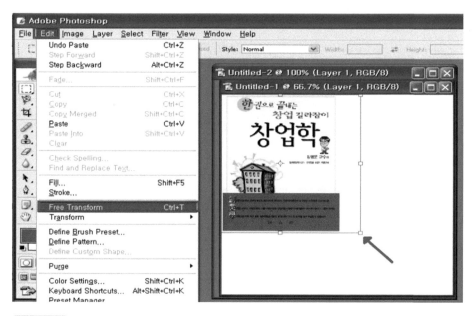

그림 2-5  이미지 크기 조절하기

## 5. 이미지의 위치를 이동하기

이미지의 크기 조절이 완료되면, 제3부에서 설명하고 있는 [〈표 3-1〉 도구박스에 있는 다양한 도구(툴)]에 있는 다양한 도구 중에서 이동도구(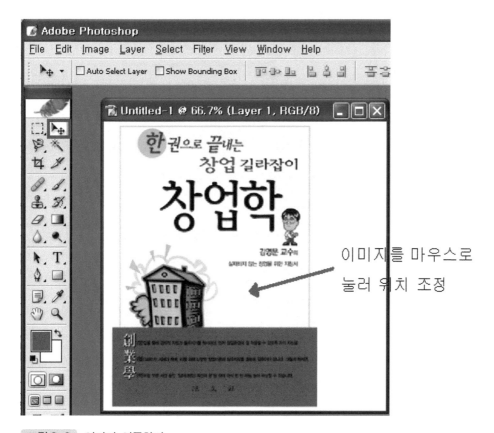)를 클릭한 후에 이미지를 선택하여 원하는 곳으로 이동 시키면 된다([그림 2-6] 참고).

그림 2-6   이미지 이동하기

## 6. 이미지 저장하기

포토샵 작업이 완료된 이미지를 저장하면 되는데, 이미지를 저장할 때에는 3가지 방법이 있다([그림 2-7] 참고).

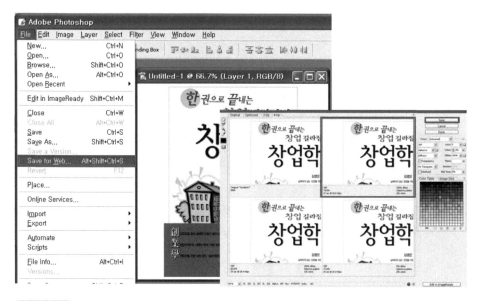

그림 2-7  이미지 저장하기

(1) [File]−[Save]: 원본 파일을 저장할 때에 사용하며, 레이어가 합쳐지지 않고 그대로 보존된 PSD 파일로 저장되기 때문에 나중에 수정하여 사용할 수 있다. 포토샵 이미지 중에서 반드시 보관해야 하는 파일이라고 할 수 있다.

(2) [File]−[Save as]: JPG, GIF 등 다양한 형태로 저장할 때에 사용하는데, 레이어가 배경으로 합쳐지기 때문에 저장한 후에는 레이어별로 수정할 수가 없다. 이미지를 저장한 후에는 인터넷에 등록하여 사용할 수 있다.

(3) [File]-[Save for Web…]: 이미지의 용량이 다른 4가지 형태의 이미지를 보여주는데, 이 중에서 하나를 선택하여 저장할 때에 사용한다. 일부 웹 사이트에서는 이미지의 용량을 제한하는 경우가 있는데, 이러한 웹 사이트에 포토샵 이미지를 등록할 때에 사용하면 된다. 아울러, 포토샵 이미지의 용량은 로딩(loading) 속도에 영향을 미치기 때문에 최대한 낮은 용량의 이미지를 사용하는 것이 필요하다.

> **참고** PSD 파일은 꼭 보관
> 포토샵 이미지를 만들 때에 반드시 기억해야 할 것은 바로 PSD 파일로 저장되는 원본 파일은 반드시 보관해야 하는데, 추후 처음 만든 포토샵 이미지를 수정하여 사용해야 하는 경우가 자주 발생할 수 있기 때문이다. 즉, JPG, GIF 등의 형태로 저장한 파일은 수정할 수가 없기 때문에 PSD 파일은 별도로 보관하고 있어야 한다.

> **참고** 네이버 MYBOX(mybox.naver.com)에서는 국내 최대 무료 용량 30GB를 사용할 수 있기 때문에 다양한 웹 사이트를 개발하는데 필요한 모든 포토샵 이미지들을 보관하기 위해 활용할 수 있다.

## 7. 텍스트 추가하기

포토샵으로 만든 이미지에 텍스트로 설명을 추가하는 것이 상품의 홍보와 판매에도 도움이 될 것이다. 홍보 이미지에 텍스트를 적용하기 위해서는 아래의 방법으로 하면 된다.

(1) [그림 2-8]과 같이 툴바(tool bar)에 있는 텍스트 도구(🕊)를 클릭한다.

(2) 텍스트를 입력할 위치에서 마우스를 한 번만 클릭한다.

(3) 커서가 나타나면 추가하고 싶은 텍스트를 입력하면 되는데, 굳이 사격형의 박스를 만들 필요가 없이 마우스를 한 번만 클릭한 상태에서 텍스트를 입력하면 된다.

(4) 색상 또는 글꼴, 크기를 변경할 필요가 있으면 입력한 글자들을 모두 드래그(drag)하여 블록(block) 상태로 만든 후 색상, 글꼴, 크기 등을 변경하면 된다.

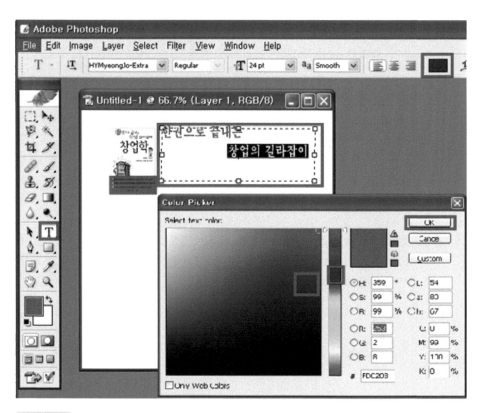

그림 2-8　텍스트 추가하기

참고　포토샵으로 만든 이미지에 텍스트로 설명을 추가할 수도 있지만, 포토샵으로 텍스트로 설명하고 싶은 이미지를 별도로 만드는 것도 고려할 수 있다. 특히 전자상거래 및 인터넷쇼핑몰을 개발할 때에는 판매하고자 하는 상품에 대해 설명하는 이미지(설명 이미지)를 1장으로 만드는 것이 오히려 더 효과적일 수 있기 때문이다.

## 8. 텍스트에 효과주기

포토샵 이미지에 추가되는 텍스트에 효과를 주는 것은 글자의 모양을 보기 좋게 꾸미는 과정이라고 할 수 있는데, 레이어 옵션 바의 밑부분에 있는 레이어 스타일(fx)을 이용하게 된다. 레이어 스타일(fx) 추가에 대해서는 [제3부 포토샵의 활용과 실무]에 있는 [[참고] 레이어패널]에서 자세하게 설명하고 있는데, 포토샵의 [레이어]−[레이어스타일]의 메뉴를 활용해도 된다.

(1) 효과를 주고 싶은 텍스트 레이어(layer)를 선택한 후에 해당 레이어의 빈 여백 부분(추가된 텍스트 옆에 있는 빈 여백 부분)을 더블클릭하면 레이어스타일(Layer Style) 창이 나타난다([그림 2−9]를 참고).

(2) 새로 나타난 레이어스타일(Layer Style) 창에서 Drop Shadow(그림자 효과)를 선택하여 텍스트에 그림자를 만들고, 그림자 때문에 글자가 보이지 않으면 제일 아래 Stroke(선)를 선택하고 테두리 색상을 설정한다.

(3) Drop Shadow(그림자 효과)와 Stroke(선)만 잘 이용하여도 보다 효과적인 텍스트 이미지를 만들 수 있다.

(4) 레이어스타일(Layer Style) 창에서 여러 옵션들을 활용하여 텍스트에 다양한 효과를 줄 수 있다.

**참고** 레이어스타일(Layer Style) 창에서의 여러 옵션
[그림 2−9]에서 확인할 수 있는 레이어스타일(Layer Style) 창에서 여러 옵션들은 그림자 효과(Drop Shadow), 내부 그림자(Inner Shadow), 외부 광선(Outer Glow), 내부 광선(Inner Glow, 경사와 엠보스(Bevel and Emboss), 새틴(Satin), 색상 오버레이(Color Overlay), 그라디언트 오버레이(Gradient Overlay), 패턴 오버레이(Pattern Overlay), 선(Stroke)이 있다([그림 2−10] 참고).

그림 2-9 텍스트에 효과주기

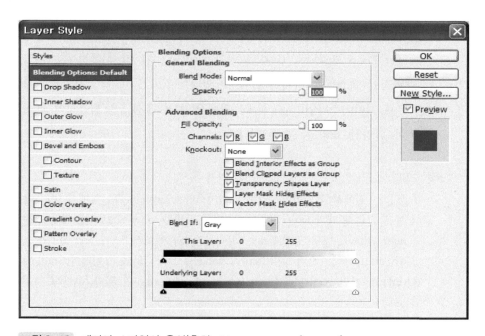

그림 2-10 레이어 스타일의 옵션(출처: blog.naver.com/hyoyeol)

## 9. 텍스트 적용하기

(1) [그림 2-11]과 같이 이미지에 대한 설명을 추가하기 위하여 툴바(tool bar)의 텍스트 도구(T)를 클릭한 후에 입력하고 싶은 내용을 입력한다. 이를 위하여 굳이 사격형의 박스를 만들 필요가 없이 마우스를 한 번만 클릭한 상태에서 텍스트를 입력하는 것이 편리하다.

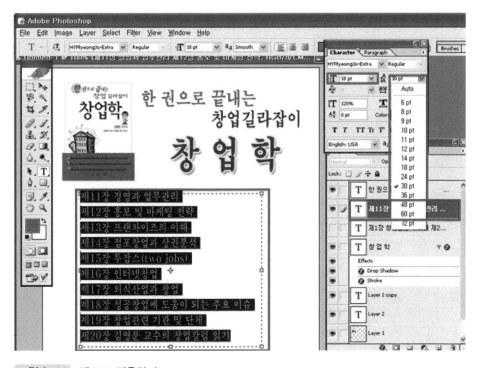

그림 2-11　텍스트 적용하기

(2) 내용 입력을 완료하고, 수정할 필요가 있으면 수정할 텍스트 레이어(layer)를 선택한다.

(3) 툴바(tool bar)에서 텍스트 아이콘을 선택한 후에 이미지 위에 입력되어 있는 텍스트를 클릭하여 수정한다.

(4) 수정할 내용의 텍스트를 마우스를 활용하여 블록(block)으로 설
정한 후에 상단에 있는 옵션 바의 끝 쪽에 있는 문자 및 단락 팔레트
(🔲)를 이용하여 글자크기, 줄 간격 등을 보기가 좋게 수정해도 된다.

## 10. 이미지 조정하기

이미지 조정하기는 디지털카메라로 촬영한 상품사진의 색상을 조정
하는 것인데, [그림 2-12]에서와 같이 [이미지]-[조정]의 하위 메뉴
에서 다양한 명령을 선택하여 할 수 있다. 특히 곡선(V), 색상 균형(B)
만 제대로 활용해도 밝으면서도 깔끔한 이미지를 만들 수 있다.

그림 2-12　이미지 조정하기

위에서 포토샵을 활용하여 홍보 이미지를 만드는 방법을 10단계로 설명하였는데, 3−5개의 이미지를 직접 만들어 보는 것이 필요하다. 또한 포토샵 이미지를 저장할 때에는 절대로 한글 파일명을 사용하지 말고 반드시 영어 파일명을 사용하는 것이 필요한데, 한글 파일명으로 저장한 후에 이미지 호스팅(image hosting) 사이트에 등록한 경우에는 액박이 뜨거나 이미지가 정상적으로 보이지 않는 경우가 가끔 발생할 수 있기 때문이다.

## 11. 포토샵 이미지를 효과적으로 만드는 방법

포토샵을 활용하여 홍보, 광고 그리고 상품판매에 필요한 다양한 이미지를 효과적으로 만드는 방법은 다양한데, 특히 아래의 포토샵 메뉴들을 잘 사용하는 것이 중요하다.

① 포토샵 도구상자(tool box)에 있는 각 도구들을 효과적으로 활용한다.

② 레이어(layer)의 개념에 대해 잘 이해해야 하며, 반드시 작업하고자 하는 레이어를 먼저 선택한 후에 포토샵 이미지를 수정해야 한다.

③ [이미지]−[조정] 메뉴를 효과적으로 사용해야 한다.

④ 레이어 옵션 바의 밑 부분에 있는 레이어 스타일(Layer Style)을 잘 활용해야 한다.

⑤ [문자 및 단락 팔레트]를 효과적으로 사용하는 것이 필요하다.

⑥ 햇빛아래에서 사진을 촬영하면, 포토샵 작업은 쉽고 간단하게 끝날 수 있다.

⑦ 본인의 사이트에 필요한 다양한 포토샵 이미지들을 자주 만들어 보는 것이 필요한데, 매일 한 두 개의 포토샵 이미지를 만들어 보는 습관을 가지는 것이 중요하다.

포토샵 이미지를 잘 만드는 방법에 대해서 위에서 설명을 하였지만, 그 중에서 가장 중요한 것은 사진 촬영을 잘 해야 한다. 이를 위해서는 햇빛 아래에서 촬영하는 것이 가장 좋으며, 형광등 아래에서 촬영을 하는 것은 바람직하지 않다. 최대한 선명하게 촬영하는 것이 포토샵 작업을 최소화하는데 분명 도움이 될 수 있다.

## YouTube 채널 : 맛따라 · 길따라 · 창업

유튜브(YouTube)에 등록되어 있는 [제1장 포토샵을 활용하여 이미지 만들기]와 관련된 동영상 강좌는 다음과 같은데, YouTube 채널(맛따라 · 길따라 · 창업)에서 [포토샵]을 검색한 후에 찾아서 들으면서 포토샵을 사용하면서 직접 실습을 하면 된다.

① 포토샵 이미지 만들기
② 포토샵 이미지 만들기(2)
③ 포토샵 이미지 편집(이미지 조정)
④ 이미지 일부분만 흑백 사진으로 만들기
⑤ 복제도장도구로 이미지 복제하기
⑥ 포토샵 기본 및 포토샵 도구 익히기

참고 포토샵 이미지에 테두리 넣기
인터넷에 등록하는 포토샵 이미지가 깔끔하게 보이게 하려면, 테두리를 넣는 것이 필요한데 그 절차는 아래와 같다.
① 위에서 설명한 [이미지 조정하기]를 한 후에 [선택]−[모두]를 선택한다.
② [편집]−[선(획)]에서 테두리의 폭을 입력하고 색상을 선택한 후에 [승인]을 클릭하면 된다. 이 때에 위치는 [가운데]를 선택하면 된다.

참고 포토샵 단축키 모음
포토샵 초보자가 알면 더 좋은 포토샵 단축키 모음은 아래와 같으며(www.sindohblog.com/1138), 사이트에서 구체적으로 확인할 수 있다.
① 외워두면 정말 유용한 단축키 BEST 5
② 포토샵 메뉴별 단축키 알아보기
ⓐ 파일(File) 메뉴 단축키
ⓑ 편집(Edit) 메뉴 단축키
ⓒ 레이어(Layer) 메뉴 단축키

ⓓ 이미지(Image) 메뉴 단축키

ⓔ 선택(Select) 메뉴 단축키

ⓕ 보기(View) 메뉴 단축키

ⓖ 브러시 도구메뉴 단축키

# 12 포토샵 이미지를 서버에 등록하고 활용하기

포토샵으로 만들어진 이미지들은 인터넷 사이트에 바로 등록하여 활용할 수도 있지만, 일반적으로는 이미지 호스팅(image hosting)의 기능을 제공하는 서버(server, 컴퓨터 네트워크에서 다른 컴퓨터에 서비스를 제공하기 위한 컴퓨터)에 등록한 후에 HTML 명령어(예를 들어, <img src="이미지 주소"> 명령어)로 불러와서 사용하게 된다.

## 1. 이미지를 등록 및 활용하는 방법

뉴비즈니스연구소(cafe.daum.net/isoho2jobs)에 보면, 카페 메인에 여러 개의 이미지를 보여주고 있다. 이를 위해서는 먼저 포토샵을 활용하여 이미지들을 만들어야 하며, 만든 이미지들을 이미지 호스팅(image hosting) 사이트에 등록한 후에 <img src="이미지 주소"> 명령어를 활용하여 이미지를 불러와서 보여주게 된다. 이에 대해 조금 더 구체적으로 설명하면 아래와 같다.

① 포토샵(photoshop)으로 홍보, 광고 및 상품판매에 필요한 이미지를 만든다.

② 포토샵으로 만든 이미지를 이미지 호스팅 사이트에 등록해야 하는데, 이미지 호스팅 사이트는 매월 1-3만원을 지불하고 사용하는 유료 사이트들이 많다. 다음(Daum) 혹은 네이버(Naver) 등과 같은 포털사이트에서 이미지 혹은 호스팅 사이트를 검색하면

쉽게 찾을 수 있는데, 아래의 사이트들은 이미지 호스팅 사이트와 같은 목적으로 사용할 수 있다.

ⓐ postimage(postimage.org)

ⓑ 구글 포토(photos.google.com)

ⓒ 스쿨호스팅(www.phps.kr)

ⓓ 코리아호스팅(www.koreahosting.co.kr)

ⓔ 드롭박스(www.dropbox.com)

ⓕ 미리내닷컴(www.mireene.com)

ⓖ 허브웹(www.hubweb.net)

ⓗ storemypic(www.storemypic.com)

ⓘ Zpat(www.zpat.info)

ⓙ 닷홈(www.dothome.co.kr)

ⓚ Imgur(imgur.com)

③ 후이즈(www.whois.co.kr)의 경우에는 하루 50MB 용량을 무료로 제공하고 있으며(전자신문, 2005.5.23.), 구글 포토(photos.google.com)에서는 Upload에서 포토샵으로 만든 이미지들을 등록하여 이미지 호스팅 사이트와 같이 활용할 수 있다.

④ 이미지 호스팅 사이트에 포토샵 이미지를 등록한 후에 이미지의 파일경로(주소)를 복사하여 사용하면 된다. 예를 들어, postimage (postimage.org)에 포토샵 이미지를 등록한 후에 [링크] 혹은 [직접 링크]에 있는 파일경로(주소)를 복사한 후에 <img src="이미지 주소"> 명령어를 활용하여 필요한 곳에서 사용하면 된다.

참고 img src="이미지 주소" width="너비(가로길이)" height="높이"
이미지 호스팅 사이트에 등록되어 있는 이미지의 크기를 강제로 조정하여 보여줄 때에는 width 및 height를 사용하면 된다. 그렇지 않은 경우에는 그냥 <img src="이미지 주소">만 사용하면 된다. 즉, 이미지 호스팅(image hosting) 사이트에 등록되어 있는 포토샵 이미지를 원본 크기 혹은 조정된 크기의 이미지로 보여줄 수 있는데, width 및 height를 사용할 때에는 가로 및 세로의 비율을 유지하면서 크기를 조정하는 것이 필요하다. 예를 들어서, 가로(width)의 크기를 500픽셀에서 400픽셀로 줄이게 되면, 세로(height)의 크기 역시 같은 비율로 줄여야 한다.

> **참고** 무료 이미지 호스팅 사이트(Free Image Hosting Sites)
> 네이버에서 "image hosting site"를 검색하면 다양한 무료 이미지 호스팅 사이트에 대한 정보를 확인할 수 있다.
> ① 10 Free Image Hosting Sites for Your Photos
>    (www.lifewire.com/free-image-hosting-sites-3486329)
> ② 7 Best Free Image Hosting Websites
>    (www.lifewire.com/top-free-image-hosting-websites-1357014)

## 2. 이미지 호스팅 사이트의 효과적인 이용

홍보를 위한 다양한 웹 사이트들을 개발하고 운영하는 경우뿐만 아니라 인터넷쇼핑몰, 옥션, G마켓, 카페와 블로그 등을 활용한 전자상거래 창업자들도 반드시 알아야 하는 것이 바로 이미지 호스팅 사이트의 활용방법이라고 할 수 있다. 예를 들어, 옥션의 상세정보(상품정보)에서 나타나는 이미지들은 옥션에 직접 등록되는 것이 아니라 이미지 호스팅 사이트에 이미지를 등록한 후에 HTML 명령어(<img src="이미지 주소">)를 이용하여 불러와서 옥션의 상세정보(상품정보) 페이지에서 그냥 보여주고 있는 것이다.

예를 들어, [그림 2-13]에서 보듯이, 인터넷쇼핑몰 혹은 전자상거래 사이트의 상품정보페이지에서 볼 수 있는 다양한 상품이미지들은 직접 등록하는 것이 아니라 상품이미지들을 이미지호스팅 사이트에 등록한 후에 HTML 명령어(<img src="이미지 주소">)를 활용하여 상품정보페이지에서 보여지게 되는 것이다. 이것은 홍보를 위한 홈페이지의 개발 및 운영에도 동일하게 활용될 수 있다.

한편, 이미지 호스팅 사이트에는 무료 혹은 유료로 사용할 수 있는 사이트들이 매우 많은데, 유료 사이트의 경우에는 월 1−3만원의 비용만 부담하면 된다. 포털 사이트에서 이미지 호스팅, 상품 이미지, 호스팅 등의 키워드로 검색하면 다양한 이미지 호스팅 사이트들을 쉽게 찾을 수 있다.

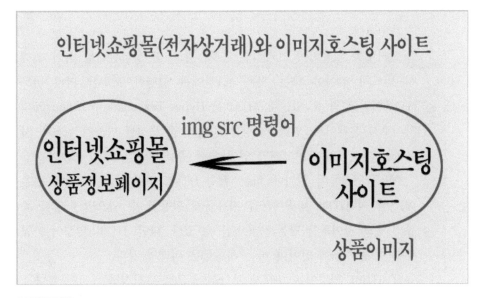

**그림 2−13** 이미지호스팅 사이트의 활용

**참고** 창업자들의 경우에는 위에서 언급한 이미지 호스팅 사이트에 등록된 이미지들을 외장형 하드 혹은 다음(Daum)과 네이버(Naver) 카페(cafe)의 게시판 등을 활용하여 별도로 저장해 두는 것도 잊지 말아야 한다. 아울러, 포토샵으로 이미지를 만든 후에는 원본 파일(*.psd)을 반드시 보관하고 있어야 필요할 때에 수정 및 보완하여 사용할 수 있다는 것도 생각해야 한다.

# 3 웹사이트의 개발을 위한 HTML명령어

인터넷을 활용하여 효과적인 홍보, 광고 및 상품판매를 하기 위해서 반드시 알아야 하는 것은 제1장에서 설명한 포토샵 외에 바로 HTML이라고 할 수 있는데, HTML은 Hyper Text Markup Language의 약어로서 홈페이지, 인터넷쇼핑몰 등에서 웹 문서를 만들기 위하여 사용하는 기본적인 프로그래밍 언어의 한 종류이다(김석주, 1997.2.20).

예비창업자들이 알아야 하는 필수 HTML 명령어들은 아래와 같은데, 아래의 HTML 명령어들을 자유롭게 활용할 수 있으면 다양한 종류의 홍보 사이트를 만들고 운영할 수 있다. 다만, HTML 명령어를 공부할 때에 사전에 알아야 하는 사항들은 아래와 같다.

① HTML 명령어는 대문자 보다는 소문자로 작성하는 것이 좋다.
② 이미지 파일명은 한글 보다는 반드시 영어 소문자로 하는 것이 좋다.
③ HTML 명령어를 사용할 때에는 띄어쓰기에 유의해야 하는데, 그렇지 않으면 HTML 명령어가 정상적으로 실행되지 않는다.
④ HTML 문서를 만들거나 본 교재에 있는 HTML 내용을 실습하기 위해서는 아래에서 설명하는 4가지의 방법을 활용하면 된다.

# 1. HTML 문서 만들기

창업자들이 알아야 하는 필수적인 HTML 명령어를 알아보기 전에 먼저 HTML 문서를 작성하는 방법들을 소개하면 아래와 같다.

## (1) 보통의 문서 편집기를 이용

컴퓨터의 보조프로그램 내에 있는 메모장을 이용하여 HTML 문서 (.html)를 만들어 저장을 한 후에 크롬(Chrome) 혹은 익스플로러(Explorer) 에서 파일을 열어서 실행 결과를 확인할 수 있다.

## (2) HTML 전용 편집기를 이용

HTML 편집기는 인터넷 웹페이지를 작성하기 위한 편집 도구이며, 프로그래밍 언어와 유사한 특징을 가지고 있다. HTML 편집기로는 에 디터플러스(EditPlus), 마이크로소프트의 프론트페이지(FrontPage), 나모 웹에디터, 어도비 드림위버(Dreamweaver) 등이 있으며, 이는 태그를 통 해 편집한 후 미리보기 기능도 가지고 있다(위키백과, ko.wikipedia.org). HTML 편집기들은 네이버 소프트웨어(software.naver.com)에서 검색한 후에 다운 받아서 사용하면 되는데, 초보창업자들에게는 에디터플러스 (EditPlus)가 사용하기에 편리하다([그림 2-14] 참고).

한편, 에디터플러스(EditPlus)를 사용하여 HTML 문서를 만들거나 HTML 명령어들을 연습할 때에는 다음과 같이 하면 된다.

① [File]-[New]-[Html Page]를 클릭한다.
② <body>와 </body> 사이에 HTML 명령어를 입력한다.
③ Ctrl+B를 입력하거나 [View]-[View in Browser]에서 [Browser 1] 을 클릭하여 실행시킨다.
④ HTML 명령어를 수정해야 하는 경우에는 Edit Source(Ctrl+ Shift+E)를 클릭하여 HTML 문서를 수정 및 편집한다.

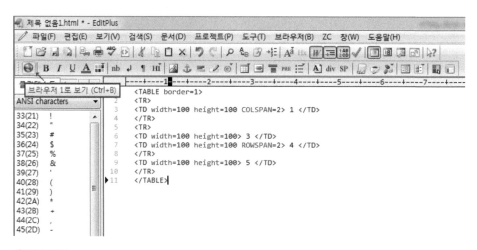

**그림 2-14** 에디터플러스(EditPlus)

⑤ HTML 문서가 정상적으로 만들어졌으면, 복사하여 필요한 곳에서 활용한다.

한편, 에디터플러스(EditPlus)를 설치 후에 [EVALUATION VERSION(평가판)]이 화면에 보이면 [I Agree(동의함)] 혹은 [Quit(종료)]를 클릭하지 말고 EVALUATION VERSION(평가판)을 마우스로 끌어서 맨 오른쪽의 아래로 옮겨 놓고 그냥 사용하면 된다.

**참고** 에디터플러스(EditPlus) 단축키 모음

에디트 플러스에서 자주 사용하는 단축키는 아래와 같으며(mainia.tistory.com/2348), 사이트에서 구체적으로 확인할 수 있다.

① 문서 생성과 파일 관련 단축키
② 커서 이동과 선택 관련 단축키
③ 들여쓰기와 실행관련 단축키
④ 찾기 관련 단축키

### (3) 이미 작성된 문서를 HTML 문서로 변경

HWP, MS-WORD, 파워포인트(powerpoint) 등으로 작성된 문서를 HTML 문서로 변경하기 위해서는 해당 문서 파일을 변환하는 소프트

웨어가 필요한데, HWP, MS-WORD, 파워포인트(powerpoint) 등에는 변환기능이 있다. 가장 편리하게 사용할 수 있는 방법은 HWP에서 문서를 만든 후에 인터넷 문서(*.htm, *.html)로 저장하면 된다.

### (4) 카페(cafe) 및 블로그(blog)에서 [글쓰기]를 이용

다음(Daum) 혹은 네이버(Naver)의 카페(cafe) 및 블로그(blog)에서 [글쓰기]를 클릭하고 HTML을 체크(☒)한 후에 HTML 명령어를 입력하고, [미리보기]를 클릭하여 실행결과를 확인하면 된다. HTML을 처음으로 공부하는 사람에게 적합한 실습 방법이라고 할 수 있다.

## 2. 이미지 불러오기

<img src="http://www.mis.or.kr/images/new_main_13.gif">

위의 HTML 명령어는 웹 사이트(www.mis.or.kr) 내의 폴더(images) 안에 저장되어 있는 이미지 파일(new_main_13.gif)을 불러와서 웹브라우저(Internet Explorer) 화면에서 보여 달라는 의미로 해석할 수 있다. 옥션, G마켓 등의 오픈마켓(open market)에서의 상품 등록 과정에서 상세정보를 꾸밀 때에 자주 사용하는 명령어이다.

예를 들어, postimage(postimage.org) 등과 같은 이미지 호스팅 사이트(image hosting site)에 상품이미지를 등록한 후에 위의 명령어를 사용하여 옥션, G마켓 등의 상품정보(혹은 상품상세정보) 페이지에서 보여주게 된다.

한편, <img> 태그에서 사용할 수 있는 다양한 속성은 〈표 2-1〉과 같은데, width 및 height는 자주 사용하는 속성이며 함께 사용할 수 있다.

표 2-1  〈img〉 태그의 속성

| 속성 | 설명 | 사용예 |
|---|---|---|
| src | 이미지 파일의 경로 지정 | ＜img src＝"123.jpg"＞ |
| alt | 이미지 설명 문장을 지정 | ＜img src＝"123.jpg" alt＝"행복한 그림"＞ |
| width | 이미지 폭 지정 | ＜img src＝"123.jpg" width＝"400"＞ |
| height | 이미지 높이 지정 | ＜img src＝"123.jpg" height＝"400"＞ |
| border | 이미지 테두리 두께 지정 | ＜img src＝"123.jpg" border＝"3"＞ |

> **참고** 이미지의 크기 조정
>
> 포토샵으로 만든 이미지 혹은 불러온 이미지가 클 때에는 width 및 height
> 를 사용하여 이미지의 크기를 아래와 같이 조정할 수 있다. 다만, 가로와 세
> 로의 크기를 비율에 따라 조정하는 것이 필요하다. ＜img src＝"123.jpg"
> width＝"300" height＝"300"＞

## 3. 텍스트 혹은 이미지를 클릭하여 링크시키기

### (1) 텍스트를 클릭하여 링크시키기

텍스트를 클릭하여 링크시키기 위해서는 아래와 같은 HTML 명령
어를 만들어서 사용하면 된다.

＜a href＝"http://www.mis.or.kr" target＝win1＞
＜FONT COLOR＝RED SIZE＝3＞＜B＞사랑나눔회＜/B＞＜/FONT＞
＜/a＞

위의 명령어는 텍스트(사랑나눔회)를 클릭하면 웹 사이트(www.mis.or.kr)
로 링크시키는 명령어이다. 그런데 target＝win1은 현재의 웹브라우저
는 그대로 둔 상태에서 새로운 웹브라우저(예를 들어 Internet Explorer)
를 불러와서 웹 사이트(www.mis.or.kr)로 링크시키라는 의미이며, 실습
할 때에 target＝win1을 삭제한 후에 실습해 보면 그 차이를 쉽게 알

수 있다.

<FONT COLOR=RED SIZE=3><B>사랑나눔회</B></FONT>
명령어를 해석해 보면, 사랑나눔회라는 글자를 붉은색(COLOR=RED)으로, 크기는 3으로 그리고 진하게(B) 표시하라는 의미이다. 아울러, RED 대신에 다른 컬러를 상징하는 단어, 3 대신에 다른 숫자, B를 삭제 한 후에 사용해 보면 그 차이를 알 수 있다. 참고로 숫자 3은 HWP로 10 폰트 크기에 해당된다. 한편, <font> 태그에서 사용할 수 있는 다양한 속성은 <표 2-2>과 같다.

**표 2-2**  <font> 태그의 속성

| 속성 | 설명 | 사용예 |
| --- | --- | --- |
| color | 글자색상 지정 | <font color="red"> |
| size | 글자크기 지정 | <font size="3"> |
| face | 글꼴 지정 | <font face="궁서체"> |

## (2) 이미지를 클릭하여 링크시키기

이미지를 클릭하여 링크시키기 위해서는 아래와 같은 HTML 명령어를 만들어서 사용하면 된다.

<a href="http://www.mis.or.kr" target=win1>
<img src="http://www.mis.or.kr/images/new_main_13.gif">
</a>

위에서와 같이 사랑나눔회라는 글자 대신에 이미지(new_main_13.gif)를 불러오는 명령어를 사용할 수 있는데, 이미지(new_main_13.gif)를 클릭하면 웹 사이트(www.mis.or.kr)로 링크시키는 HTML 명령어이다. 즉, 특정 웹 사이트로 링크를 시키기 위해서는 텍스트(사랑나눔회)를 클릭할 수도 있고, 이미지(new_main_13.gif)를 클릭할 수도 있다는 것을 의미한다.

## 4. 테이블(table) 만들기

테이블(table)을 만들기 위해서는 <table>, <tr>, <td> 태그의 사용방법에 대해 알고 있어야 하는데, 아래의 예를 통해 테이블을 만드는 방법에 대해 설명할 것이다.

```
<table border=1>
<tr>
<td>
<img src="http://www.mis.or.kr/images/booknewbiz.gif" width=270>
</td>
<td>
<img src="http://www.mis.or.kr/images/new_main_13.gif">
</td>
</tr>
</table>
```

| | |
|---|---|
| booknewbiz.gif<br>이미지 | new_main_13.gif<br>이미지 |

그림 2-15  table 명령어로 만든 테이블

위의 명령어를 살펴보면, 먼저 <tr>…</tr> 명령어로 만든 한 줄로 된 테이블(table)에 <td>…</td> 명령어를 이용하여 2칸을 만든 후에 <img src="이미지 주소"> 명령어를 사용하여 이미지(booknewbiz.gif, new_main_13.gif)를 불러와서 각 칸에서 보여주는 명령어이다. 즉, [그림 2-15]에서와 같이 이미지 호스팅 사이트에 등록되어 있는 포토샵 이미지를 불러와서 각 칸에서 보여주게 된다. 또한 border＝1은 테이블의 테두리를 1 픽셀(pixel)로 나타내라는 것이며, width＝270은 이미지의 가로 폭을 270 픽셀로 하라는 의미이다. 만약에 이미지의 높이를 조절하려면 height＝270과 같이 사용하면 되며, border＝0으로 설정하면 테이블의 테두리가 보이지 않게 된다. 사실, 대부분의 웹 사이트들은 테이블(table)을 사용하여 만들고 있지만, border＝0으로 설정하여 테두리가 보이지 않게 할 수 있다.

한편, 테이블(table)을 만들 때의 기본적인 절차는 아래와 같다.

① 먼저 ＜tr＞…＜/tr＞를 활용하여 줄을 만드는데, [그림 2－15]에서는 2개의 선을 활용하여 한 줄을 만들었다는 것을 보여주고 있다. 만약에 테이블(table)이 2줄로 구성되어 있으면 ＜tr＞…＜/tr＞를 2번 사용하면 된다.

② ＜td＞…＜/td＞를 활용하여 ＜tr＞…＜/tr＞로 만든 테이블의 줄 내에 있는 칸을 만들 때에 사용한다. 예를 들어, 한 줄에 두 칸을 만들 때에는 ＜tr＞…＜/tr＞ 내에 ＜td＞…＜/td＞를 두 번 사용하면 되며, 세 칸을 만들 때에는 ＜tr＞…＜/tr＞ 내에 ＜td＞…＜/td＞를 세 번 사용하면 된다.

한편, 두 줄 및 두 칸의 테이블(2 × 2)을 만들려고 하면, 위의 table 명령어에서 ＜tr＞에서 ＜/tr＞까지를 그대로 복사하여 한 번 더 사용하면 된다. 즉, [그림 2－16]과 같은 테이블을 만들기 위한 HTML 명령어는 다음과 같다.

```
<table  border＝1>
<tr>
<td>
<img  src＝"http://www.mis.or.kr/images/booknewbiz.gif" width＝270>
</td>
<td>
<img  src＝"http://www.mis.or.kr/images/new_main_13.gif">
```

```
</td>
</tr>
<tr>
<td>
<img src="http://www.mis.or.kr/images/booknewbiz.gif" width=270>
</td>
<td>
<img src="http://www.mis.or.kr/images/new_main_13.gif">
</td>
</tr>
</table>
```

| | |
|---|---|
| booknewbiz.gif<br>이미지 | new_main_13.gif<br>이미지 |
| booknewbiz.gif<br>이미지 | new_main_13.gif<br>이미지 |

그림 2-16 두 줄 및 두 칸의 테이블

위의 HTML 명령어를 보면, <tr>…</tr>를 두 번 사용하여 두 줄을 만들었으며, 첫 번째의 <tr>…</tr> 내에 두 개의 <td>…</td>를 활용하여 두 칸을 만들었다. 마찬가지로 두 번째의 <tr>…</tr> 내에도 두 개의 <td>…</td>를 활용하여 두 칸을 만든 것을 볼 수 있다.

참고 홍보, 광고 및 상품판매를 위한 다양한 웹 사이트를 개발하고 운영할 때에는
테이블(table) 명령어를 사용하는 것이 좋으며, 위에서 언급한 바와 같이
border＝0으로 설정하여 테두리가 보이지 않게 하는 것도 필요하다.

## 5. 게시판의 글 제목을 클릭하여 게시판의 글로 링크 시키는 방법

카페(cafe)의 특정 게시판에 교류모임 혹은 행사에 대한 홍보 글을
등록한 후에 그 글의 제목을 카페의 메인페이지에 등록하고, 네티즌들
이 글의 제목을 클릭하면 게시판에 등록되어 있는 글의 내용을 볼 수
있도록 하는 것은 아래의 HTML 명령어로 만들 수 있다.

① 메인페이지에서 텍스트를 클릭했을 때에 특정 게시판으로 링크
하기를 활용하면 된다. 아래에서 '사랑나눔회' 대신에 교류모임
혹은 행사제목 및 일정을 입력하면 된다.

＜a href＝"http://www.mis.or.kr" target＝win1＞
＜FONT COLOR＝RED SIZE＝3＞＜B＞사랑나눔회＜/B＞＜/FONT＞＜/a＞

＜a href＝"http://www.mis.or.kr" target＝win1＞
＜FONT COLOR＝BLUE SIZE＝3＞＜B＞창업교육＜/B＞＜/FONT＞
＜FONT COLOR＝RED SIZE＝3＞＜B＞12월 31일(토)＜/B＞＜/FONT＞
＜/a＞

② ＜a href＝"http://www.mis.or.kr"＞에서 따옴표 안에는 게시판
에 등록되어 있는 글의 제목 위에 마우스를 올려놓고 오른쪽 마
우스를 클릭한 후에 [속성] 혹은 링크주소 복사(Copy Link
Address)를 선택하여 주소(URL)를 복사하여 입력하면 된다([그림
2-17] 참고). 즉, 게시판에 등록되어 있는 글의 주소(URL)로 링
크시키라는 것인데, 결국 그 글의 내용을 볼 수 있도록 한다.

그림 2-17 게시판에 등록된 글의 주소(URL)를 확인하기

③ target＝win1은 새로운 창(웹브라우저)을 열어서 링크를 시킬 때에 사용한다.

④ 위에서 만든 HTML 명령어들을 활용하여 테이블(table)로 만들어도 되는데, 여러 건을 동시에 홍보하고 싶을 때에 유용하게 활용할 수 있다.

참고 홍보 글의 주소(URL)를 확인

요즈음 카페(cafe), 블로그(blog), 밴드, 인스타그램, 페이스북 등에 홍보 글을 등록한 후에 해당 글의 주소를 복사(copy)하여 외부의 웹사이트에서 HTML 명령어를 활용하여 링크를 시킬 수가 있다. 이를 위해서는 해당 글의 주소를 복사해야 하는데, 홍보 사이트에 따라 ① 게시물 URL, ② 링크 복사, ③ 주소 복사, ④ Copy link, ⑤ URL 복사, ⑥ 링크 주소 복사 등의 명칭으로 등록한 글의 주소(URL, uniform resource locator)를 제공하고 있다. 따라서 글을 등록한 후에는 해당 글의 (URL)주소를 복사하여 [3. 텍스트 혹은 이미지를 클릭하여 링크시키기]에 있는 HTML 명령어를 사용하여 링크(link)시키면 된다.

## 6. COLSPAN 및 ROWSPAN 명령어의 활용

테이블(TABLE)에서 특정 가로 줄 혹은 세로 줄의 일부를 합치는 경우에는 COLSPAN 및 ROWSPAN 명령어를 사용하면 된다.

① COLSPAN: colspan은 가로 줄을 묶는 기능이다. 예를 들어, colspan='2'는 셀 두 개를 하나로 합치게 되며, colspan='3'은 셀 세 개를 하나로 합치게 된다.

② ROWSPAN: colspan이 가로 줄을 합친다면, rowspan은 세로를 합치는 기능이다. 예를 들어, rowspan='2'는 위 및 아래의 줄을 하나로 합치게 되며, 세 줄을 하나로 합치게 되면 rowspan='3'으로 하면 된다.

③ 아래의 HTML 문서가 어떤 테이블을 만드는가에 대해 그림으로 그려보는 것은 COLSPAN 및 ROWSPAN 명령어를 이해하는데 많은 도움이 될 수 있다.

```
<TABLE border=1>
<TR>
<TD width=100 height=100 COLSPAN=2> 1 </TD>
</TR>
<TR>
<TD width=100 height=100> 3 </TD>
<TD width=100 height=100 ROWSPAN=2> 4 </TD>
```

```
</TR>
<TR
<TD width=100 height=100> 5 </TD>
</TR>
</TABLE>
```

한편, COLSPAN 및 ROWSPAN을 활용하여 테이블(TABLE)을 만들 때에는 다음과 같은 순서로 진행하면 된다.

① 만들어야 하는 테이블(TABLE)이 몇 줄 그리고 몇 칸으로 구성되어 있는지를 파악한 후에 COLSPAN 및 ROWSPAN을 사용하지 않는 상태에서 완전한 테이블을 먼저 만든다.

② <td> 태그 내에 COLSPAN 혹은 ROWSPAN을 포함시킨다.

③ COLSPAN이 사용된 경우에는 <tr>…</tr> 태그 내에 있는 <td>…</td>를 삭제해야 하는데, COLSPAN=2의 경우에는 1개의 <td>…</td> 그리고 COLSPAN=3의 경우에는 2개의 <td>…</td>를 삭제해야 한다.

④ ROWSPAN이 사용된 경우에는 바로 아래에 있는 <tr>…</tr> 태그 내에 있는 <td>…</td>를 삭제해야 하는데, ROWSPAN=2의 경우에는 바로 아래에 있는 <tr>…</tr> 태그 내에 있는 1개의 <td>…</td>를 삭제하면 된다.

⑤ COLSPAN 및 ROWSPAN이 사용된 경우를 고려하여 어디에 있는 <td>…</td>를 삭제할 것인가에 대해 신중하게 결정하는 것이 필요하다.

참고 COLSPAN 및 ROWSPAN을 활용하면 화면 구성을 자유롭게 할 수 있는 장점이 있는데, 개발하고자 하는 웹 사이트의 화면을 바둑판 같이 획일적인 모양 보다는 조금 차별적으로 구성할 수 있다.

## 7. 기타 유용한 HTML 명령어

다양한 웹 사이트를 개발하기 위해 부가적으로 사용될 수 있는 HTML 명령어는 다음과 같은데, 네이버 및 구글 등의 포털사이트에서 다양한 HTML 명령어를 검색하여 활용할 수 있다(HTML 명령어, blog. naver.com/dml21wjd).

① <br>: <BR>은 "line break"를 의미하며, 문단과 문단 사이 에 빈 줄을 넣지 않고 줄만 바꾼다. <BR>을 사용할 때에는 </BR>를 사용하지 않는다.

② <p>: <P> 태그는 단락이 시작하는 곳이나 단락이 끝나는 곳 에 넣어서 단락을 구분하는 역할을 한다. <P> 태그를 단락이 시작하는 곳에 넣은 경우에는 단락의 앞에 빈 줄이 생기게 되고, 단락이 끝나는 곳에 넣는 경우에는 단락의 끝 부분에 빈 줄이 생 기게 된다. </P>를 사용하지 않아도 상관없으며, <BR> 태그를 두 번 사용하면 한 번의 <P> 태그와 동일한 효과가 발생한다.

③ <CENTER>: <CENTER> 태그는 문단을 가운데로 정렬시키는 데, <CENTER> 이후에 나오는 모든 문단들은 </CENTER> 를 만날 때 모두 가운데로 정렬된다.

④ 띄어쓰기( ): html에서 띄어쓰기를 하기 위해서는   를 한 개 혹은 여러 개를 사용하면 되는데, nbsp는 "none− breaking space"의 약자이다.

⑤ 주석 처리(<!--  -->): <!--  --> 사이에 필요한 내 용을 작성하면 되는데, HTML 문서를 설명할 때에 주로 사용하 게 된다.

참고 뉴비즈니스연구소(http://cafe.daum.net/isoho2jobs)의 [창업강의실＋실습교육] 게시판에 있는 HTML 명령어들을 이용하여 스스로 공부하면 되며, 특히 81−82번의 <FIELDSET>을 활용한 사례를 활용하면 온라인 홍보 및 광고를 진행하는데 많은 도움이 될 것이다.

## YouTube 채널 : 맛따라 · 길따라 · 창업

유튜브(YouTube)에 등록되어 있는 [제3장 웹사이트의 개발을 위한 HTML명령어]와 관련된 동영상 강좌는 다음과 같다.

① HTML문서를 만들기 위한 EDITPLUS의 사용방법
② HTML기초(태그, 문서의 구조)
③ HTML 입문 및 활용
④ HTML 명령어로 TABLE 만들기
⑤ frame의 이해와 활용
⑥ HTML문서에 이미지 넣기

## YouTube 채널 : 맛따라 · 길따라 · 창업

유튜브(YouTube)에 등록되어 있는 [제1장, 제2장 및 3장]과 관련된 동영상 강좌는 다음과 같은데, 웹 사이트를 개발하고 운영하기 위해서는 포토샵, 이미지호스팅 사이트 및 HTML을 종합적으로 활용할 수 있는 실무지식을 갖추는 것이 필요하다.

① 포토샵 이미지를 이미지호스팅 사이트에 등록 및 활용하기
② HTML, 포토샵 및 이미지호스팅 사이트의 종합 활용

참고 웹 브라우저(web browser)의 종류 및 활용

① 개념과 종류: 웹 브라우저(web browser)는 인터넷 웹페이지에 접속하여 볼 수 있게 해주는 프로그램을 말하는데, 아래의 3가지를 많이 활용한다.
ⓐ 구글 크롬(Google Chrome)
ⓑ 인터넷 익스플로러(Internet Explorer)
ⓒ 네이버 웨일(Naver whale)

② 활용: 포토샵 및 HTML을 활용하여 웹 사이트를 개발하고 운영할 때에 사용하는 웹 브라우저(web browser)의 종류에 따라 결과 화면이 조금씩 다르게 보이는 경우가 발생할 수 있다. 이에 따라, 본인이 원하는 결과 화면이 나타나지 않을 경우에는 위에서 언급한 다른 웹 브라우저(web browser)를 활용해 볼 필요가 있다.

PART

3

# 포토샵의
# 활용과 실무

# CHAPTER 1

# 포토샵의 활용

## 1. 포토샵 기본화면

[시작]-[프로그램]-[Adobe Photoshop]을 클릭하면 포토샵이 실행되는데, 포토샵의 기본화면은 다음과 같다.

| 기본 화면 |  |
| --- | --- |
| 화면 설명 | ① **메뉴 표시줄**: 포토샵의 모든 기능이 모여 있는 곳으로, 마우스를 클릭하면 항목에 해당하는 메뉴들이 표시된다.<br>② **옵션 바**: 도구 박스에서 선택한 도구에 대한 세부적인 옵션을 설정하는 곳으로, 선택한 도구에 따라 모양이 달라진다.<br>③ **도구 박스**: 이미지 작업 시에 사용하는 각종 도구들을 모아놓은 곳이다.<br>④ **이미지 작업창**: 사진(이미지)을 편집하고, 그림을 그릴 공간이다.<br>⑤ **상태 표시줄**: 현재 작업 중인 이미지의 크기, 선택한 도구에 대한 정보 등을 보여준다.<br>⑥ **패널**: 이미지 작업 시에 사용하는 각종 패널들을 모아놓은 곳이다. 색상, 레이어 등의 패널은 도구와 함께 이미지 작업 시에 자주 사용하게 된다. |

기본화면에 있는 도구 박스에 대해서 구체적으로 살펴보면, 〈표 3-1〉과 같다.

**표 3-1**  도구박스에 있는 다양한 도구(툴)

| 도구박스 | 명칭 | 설명 |
|---|---|---|
| | 이동 도구(V) | 이미지를 원하는 위치로 이동할 수 있다. |
| | 사각형 선택 윤곽 도구(M) | 이미지의 특정 영역을 사각형 선택영역으로 만든다. |
| | 다각형 올가미 도구(L) | 이미지의 특정 영역을 다각형 선택영역으로 만든다. |
| | 빠른 선택 도구(W) | 색상의 범위를 계산하여 자동으로 선택영역을 만든다. |
| | 자르기 도구(C) | 이미지의 필요한 부분만 남기고, 나머지 부분을 잘라준다. |
| | 스포이드 도구(I) | 색상 값을 추출하여 전경색이나 배경색으로 지정한다. |
| | 패치 도구(J) | 이미지의 특정 영역을 다른 부분으로 보정할 수 있다. |
| | 연필 도구(B) | 연필로 그리듯이 얇은 선을 그리는 도구이다. |
| | 복제 도장 도구(S) | 특정 이미지를 복제하여 원하는 부분에 붙여 넣는다. |
| | 작업 내역 브러시 도구(Y) | 브러쉬를 이용하여 원본 이미지를 복구한다. |
| | 지우개 도구(E) | 이미지의 일부분을 지운다. |
| | 페인트 통 도구(G) | 특정 부분을 같은 색으로 채우기 할 때 사용한다. |
| | 흐림 효과 도구 | 이미지를 뿌옇게 하여 번지는 듯한 느낌을 준다. |
| | 닷지 도구(O) | 이미지를 밝게 해 준다. |
| | 펜 도구(P) | 세밀하게 원하는 영역을 지정할 때 사용한다. |
| | 수평 문자 도구(T) | 원하는 문자를 입력할 수 있다. |
| | 패스 선택 도구(A) | 패스를 이동하거나 변형할 수 있다. |
| | 사각형 도구(U) | 다양한 형태의 도형을 만들 수 있다. |
| | 손 도구(H) | 손바닥 툴을 이용하여 화면을 이동시킬 수 있다. |
| | 돋보기 도구(Z) | 화면의 특정 부분을 확대하거나 축소시킬 수 있다. |
| | 전경색과 전경색 전환(X) | 전경색과 배경색을 전환시킬 수 있다. |
| | 전경색 설정/배경색 설정 | 전경색을 설정할 수 있다./배경색을 설정할 수 있다. |
| | 빠른 마스크 모드로 편집(Q) | 선택영역을 좀 더 편리하게 추출해 낼 수 있다. |
| | 화면 모드 변경(F) | 작업 창의 공간을 조절할 때 사용한다. |

〈표 3-1〉의 도구들 중에서 오른쪽 아래에 작은 검정색 삼각형이 있는 도구들은 모두 숨은 도구들을 포함하고 있는데, 검정색 삼각형을 클릭하거나 마우스의 오른쪽 버튼을 누르면 확인할 수 있다. 포토샵을 효과적으로 활용하기 위해서는 도구박스에 있는 도구(툴)의 사용방법을 제대로 알고 있는 것이 필요하다.

한편, 포토샵의 도구상자는 포토샵의 버전에 따라 [그림 3-1]과 같이 달라지고 있는데(blog.naver.com/no1_powanca/204729887), 사용자의 컴퓨터에 설치되어 있는 포토샵 버전을 확인하는 것도 필요하다. 하지만, 포토샵의 버전에 상관없이 사용자들이 포토샵을 활용하여 다양한 이미지를 만드는 것은 별로 불편함이 없으며, 포토샵의 버전에 너무 집착할 필요는 없다.

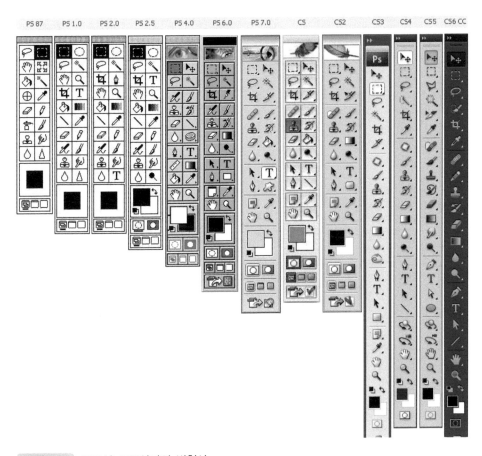

그림 3-1  포토샵 도구상자의 변천사

참고 제3부에서 사용하는 실습용 포토샵 이미지들은 뉴비즈니스연구소(cafe.daum. net/isoho2jobs)의 [창업강의실＋실습교육] 게시판에 [[다운받기] 포토샵 실습이미지 압축파일 2개]로 등록되어 있으며, 다운 받아서 사용하면 됩니다.

## 2. 새로운 이미지 작업창 만들기

| 작 업 순 서 | 결 과 화 면 |
|---|---|
| 1. [파일] 메뉴에서 [새로 만들기]를 클릭한다.<br><br>참고<br>새로운 이미지 작업창 만들기]는 만들고자 하는 포토샵 이미지의 크기를 결정하는 것이라고 할 수 있다. | 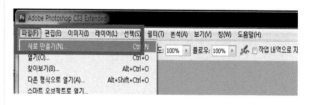 |
| 2. [새로 만들기] 대화상자가 나타나면, ① '폭'과 '높이'에 각각 500을 입력하고, '단위'는 픽셀을 선택한 후 ② '해상도'는 72, '색상모드'는 RGB 색상, '배경내용'은 흰색으로 선택한 다음 '확인' 버튼을 클릭한다. | 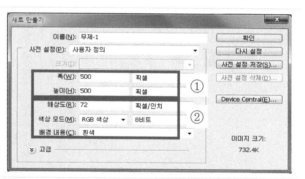 |
| 3. 화면과 같은 새로운 흰색 바탕의 이미지 작업창이 만들어진다.<br><br>참고<br>오른쪽 아래에 있는 레이어 패널(layers anel)을 보면, 배경 레이어가 생성된 것을 확인할 수 있다. 또한 현재의 작업창에서 새로운 작업을 할 때마다 레이어가 하나씩 추가되는 것을 확인할 수 있을 것이다. | 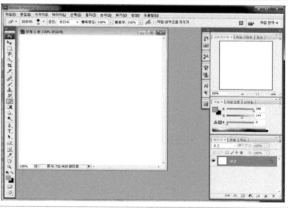 |

## 3. 이미지 작업창 조정하기

| 작 업 순 서 | 결 과 화 면 |
| --- | --- |
| 1. [파일] 메뉴에서 [열기]를 클릭한다. 예제파일 중에 '수국.jpg'를 선택하고 열기를 클릭한다.<br><br>**참고**<br>[이미지 작업창 조정하기]는 이미지의 특정 부분을 확대 혹은 축소할 수 있다. | 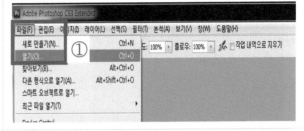 |
| 2. ① 도구 박스에서 돋보기 도구를 클릭하여, ② 이미지 작업창에서 자신이 확대하여 보고 싶은 부분을 화면과 같이 대각선으로 드래그(drag)한다.<br><br>*팁(tip): 다른 도구를 사용하고 있을 시 그림 비율을 변경하고자 할 경우에는 Ctrl+ +를 누르면 이미지가 확대되고, Ctrl+ -를 누르면 이미지가 축소된다. 반대로 축소를 하기 위해서는 돋보기 도구를 클릭하고, 이미지 작업창에서 Alt를 누르면 돋보기의 가운데 부분이 화면과 같이 '-'모양으로 바뀐다. 이때 이미지를 클릭하면 그림이 축소된다.* | 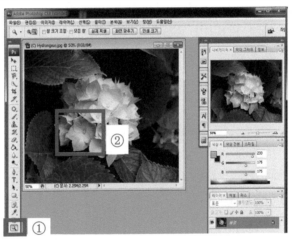 |
| 3. 자신이 확대하고자 한 부분만 크게 확대된 것을 확인할 수 있다.<br><br>*팁(tip): 이미지의 확대 혹은 축소는 돋보기 도구를 클릭한 후에 [편집] 바로 아래에 있는 [확대] 혹은 [축소] 버튼을 사용하면 편리하다.* |  |

# 4. 이미지 작업창에 배경색상 채우기

| 작 업 순 서 | 결 과 화 면 |
|---|---|
| 1. [파일] 메뉴에서 [새로 만들기]를 클릭한다.<br><br>**참고**<br>페이트 통 도구를 사용한다. | 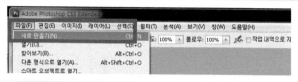 |
| 2. [새로 만들기] 대화상자가 나타나면, ① '폭'과 '높이'에 각각 500을 입력하고, '단위'는 픽셀을 선택한 후 ② '해상도'는 72, '색상모드'는 RGB 색상, '배경내용'은 흰색으로 선택한 다음 '확인' 버튼을 클릭한다. | 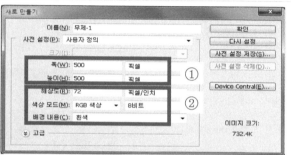 |
| 3. ① 도구 박스에서 전경색을 클릭하여, ② 색상 피커 대화상자를 실행한다.<br><br>**팁(tip):** *색상 모드의 앞에 있는 사각형을 전경색(foreground color)이라고 하며 붓이나 연필로 색을 칠할 때 사용된다. 뒤에 있는 사각형은 배경색(background color)이라고 하며, 지우개 도구로 이미지를 지우거나 새로운 이미지 작업창을 만들 때 사용된다.* | 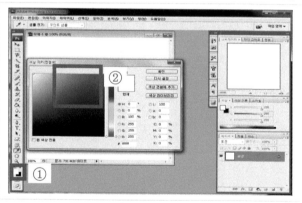 |
| 4. ① 색상 피커(Color Picker) 대화상자에서 색상 슬라이더를 드래그하여 원하는 색상 영역으로 이동하고, ② 왼쪽의 색상 필드에서 색을 선택한 후 확인 버튼을 클릭한다. | 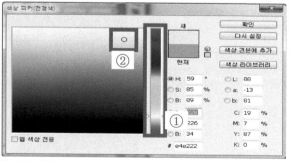 |

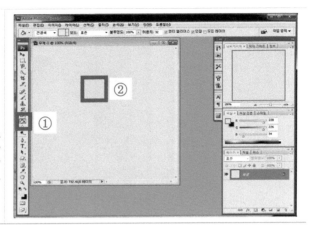

5. 색상 모드의 전경색이 지정한 색상으로 변경되었으면, ① 도구 박스에서 페인트 통 도구를 클릭하고, ② 이미지 작업창을 클릭하면 전경색(foreground color)으로 채색된다.

*팁(tip): 배경색을 바꾸고 싶다면 도구 박스의 색상 모드에서 배경색을 클릭한 후 색상 피커 대화상자에 같은 방법으로 색을 선택하면 된다.*

## 5. 레이어 기초 익히기

레이어(layer)란 사전적으로 '층'이라는 뜻을 가지며, 이미지가 겹겹이 쌓여져 있는 상태를 말한다. 또한 레이어는 투명한 셀로판지를 여러 장 겹쳐 놓은 것과 같다. 레이어의 투명 영역을 통해 밑에 있는 레이어까지 볼 수 있다. 레이어의 불투명도를 변경하여 내용을 부분적으로 투명하게 만들 수도 있다.

| 작 업 순 서 | 결 과 화 면 |
|---|---|
| 1. [파일] 메뉴에서 [열기]를 클릭한다. 예제파일 중에 '수국2.psd'를 선택하고 열기를 클릭한다. | 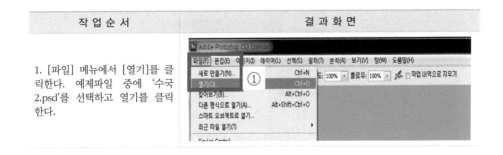 |

2. '수국2.psd'은 ① 파일형식이 psd 형식으로, ② 레이어 패널을 살펴보면 3개의 레이어로 구성되어 있다.

🖋**참고**

현재 3개의 레이어로 구성되어 있기 때문에 포토샵 작업을 할 때에는 우측의 ②에서 작업할 레이어를 먼저 선택하는 것이 중요하다.

3. ① 도구 박스에서 이동 도구를 클릭한 후, ② 이미지를 클릭한 채 왼쪽으로 드래그한다. ③ 현재 레이어 패널을 보면 '네모' 레이어가 선택된 상태이므로 네모 이미지가 이동된다.

4. 작업취소를 위해 Ctrl + Z를 누른다.

**팁(tip):** *이동 도구는 이미지를 이동할 때 사용하는 도구이다.*

5. 원 이미지를 이동을 위해서는 ① 레이어 패널에서 '원' 레이어를 클릭한 후, ② 도구 박스에서 이동 도구를 클릭하여, ③ 이미지 작업창에서 원하는 방향으로 드래그하면 원 이미지가 이동된다.

6. 작업취소를 위해 Ctrl + Z를 눌러 원 이미지를 원래 위치로 되돌려 놓는다.

**팁(tip):** *레이어 패널에서 파란색으로 표시된 것은 레이어가 선택되었다는 것을 의미하며, 어떤 작업을 하면 현재 선택된 레이어에 적용된다.*

7. '원' 레이어가 선택된 상태에서 Shift 를 누른채로 '네모' 레이어를 클릭하면 '원' 레이어와 '네모' 레이어가 한꺼번에 선택된다.

8. ① 도구 박스에서 이동 도구를 클릭한 후, ② 이미지 작업창에서 원하는 방향으로 드래그하면 '원' 레이어의 이미지와 '네모' 레이어의 이미지가 함께 이동한다.

9. ① 화면과 같이 '원' 레이어의 눈 아이콘을 클릭한다. 눈 아이콘을 반복해서 클릭하면 이미지가 보이고 숨겨진다.

*팁(tip): 레이어 패널의 눈 아이콘은 이미지를 숨기거나 표시하는 기능을 한다.*

10. ① '레이어0' 레이어를 선택하고, ② 레이어 패널의 맨 아래쪽에 있는 '레이어를 삭제' 버튼을 클릭하면, 레이어 패널에서 '레이어0' 레이어가 삭제된다.

*팁(tip): 레이어 패널에서 눈 아이콘을 클릭하면 이미지를 잠깐 숨기지만 [레이어 삭제] 버튼으로 드래그하면 이미지가 영구적으로 삭제된다.*

11. 레이어가 여러 개 있을 때 이미지는 레이어 패널에서 쌓여 있는 순서대로 보인다. ① '네모' 레이어를 선택하고, ② 도구 박스에서 이동도구를 클릭한 후, ③ 이미지 작업창에서 '원' 있는 곳으로 드래그한다. '원' 레이어가 밑에 있기 때문에 위에 있는 '네모' 레이어의 네모가 보인다.

*팁(tip): 레이어를 위 혹은 아래에 이동시킨다.*

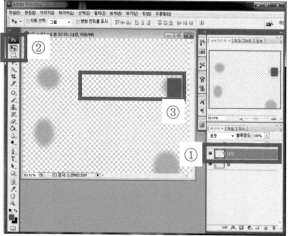

12. ① 레이어 패널에서 '원' 레이어를 '네모' 레이어 위쪽으로 드래그(drag)하여   이동시킨다. ② '원' 레이어의 이미지에 가려져 '네모' 레이어의 이미지가 보이지 않는다. '네모' 레이어를 다시 '원' 레이어 아래로 드래그(drag)하여 이동시킨다.

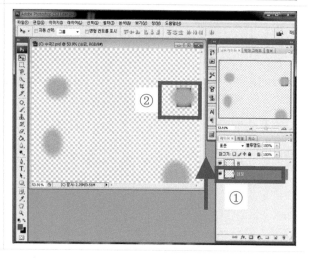

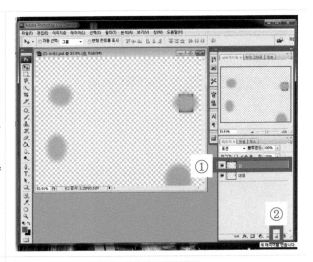

13. ① '원' 레이어를 선택한 후, ② 레이어 패널의 새 레이어 생성 버튼을 클릭하면 현재 선택된 레이어 위로 '레이어1' 이라는 새로운 레이어가 생성된다.

**팁(tip):** *새 레이어를 만들 수 있다.*

14. '레이어1'의 레이어 이름 부분을 더블 클릭하면 이름을 수정할 수 있는 상태가 된다. '노란네모'를 입력한 후 Enter↵를 눌러 레이어의 이름을 변경한다.

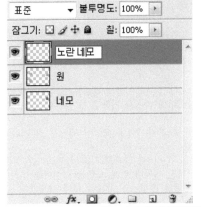

**참고** 포토샵 초보자는 [[그림 2-4] 레이어 잠금 상태의 해제]에서 설명하였듯이, 레이어(layer)가 잠겨있을 때에 어떻게 해야 하는지 그리고 포토샵 작업을 할 때에는 반드시 작업을 하고자 하는 레이어(layer)를 마우스로 먼저 선택하는 것이 필요하다는 것을 기억해야 한다.

**참고** 레이어 패널의 이해와 활용

| 레이어 패널 | 설 명 |
|---|---|
|  | ① 블렌딩 모드: 레이어와 레이어가 겹쳐질 때 특별한 연산 값이 적용된 합성 효과를 만들어 낸다. ② 불투명도: 레이어의 불투명도를 조정할 수 있다. 이미지가 0~100% 사이 값을 가질 수 있으며 '0%' 일 경우 이미지는 투명하게 표시된다. ③ 잠금: 선택한 레이어에 적용할 수 있는 일부 기능늘을 잠글 수 있다. <br>• 투명 픽셀 잠그기: 픽셀 영역만 작업이 가능하도록 투명 이미지를 잠근다. <br>• 이미지 픽셀 잠그기: 브러시 등의 드로잉 도구들의 작업을 잠근다. <br>• 위치 잠그기: 이동 도구로 이미지를 조정할 수 없다. <br>• 모두 잠그기: 잠그기 기능 모두가 적용된다. |

④ 칠: 레이어 스타일이 적용된 레이어의 경우 스타일 효과를 제외한 이미지만 불투명도가 조절된다.
⑤ 눈 아이콘: 해당 레이어를 화면에서 보거나 가릴 수 있다.
⑥ 레이어 연결: 하나 이상의 선택된 레이어를 연결하여 이동이나 변형 기능들을 동시에 적용시킬 수 있다.
⑦ 레이어스타일 추가: [레이어]−[레이어 스타일] 기능을 단축 버튼을 눌러 손쉽게 적용할 수 있다.
⑧ 레이어마스크 추가: 레이어에 마스크 기능을 추가하여 이미지의 일부분을 가리거나 보이는 조정을 할 수 있다.
⑨ 새칠 또는 조정레이어 생성: 레이어에 색상이 채워진 칠 레이어나 [이미지]−[조정] 기능을 레이어 형태로 적용시킬 수 있다.
⑩ 새 그룹을 만든다: 많은 레이어를 그룹으로 묶어 관리하는 일종의 폴더이다.
⑪ 새 레이어 만든다.: 선택된 레이어 위에 새로운 레이어를 추가할 때에 사용한다.
⑫ 레이어를 삭제한다.: 선택된 레이어를 삭제할 때에 사용한다.

**참고**
⑪ 및 ⑫는 포토샵 이미지 작업을 할 때에 자주 사용하는 메뉴이다.

## 6. 선택도구로 초승달 그리기

| 작 업 순 서 | 결 과 화 면 |
|---|---|
| 1. [파일] 메뉴에서 [열기]를 클릭한다. 예제파일 중에 '배경 01.jpg'를 선택하고 열기를 클릭한다. |  |
| 2. ① 도구 박스에서 원형 선택 도구를 클릭하고, ② 화면과 같이 시작점을 클릭한 채 드래그하여 보름달처럼 원 영역을 선택한다.<br><br>3. ① 영역이 선택되어 있는 상태에서 Alt 를 누르면 마우스 포인터가 '－' 모양으로 변경된다. 이때 원형 선택 도구로 화면과 같이 겹쳐진 원을 하나 더 그려준다.<br><br>**팁**(*tip*): 옵션 바에서 [편집] 바로 아래에 있는 [선택 영역에서 빼기] 버튼을 선택해도 된다. |  |

4. 새롭게 그린 원이 기존 선택 영역에서 제외되어 초승달과 같은 모양으로 선택 영역이 만들어 졌다. ① 색상 패널을 노란색 (R:246, G:232, B:0)으로 바꾸고, ② 도구 박스에서 채우기(페인트 통) 도구를 클릭하여, ③ 이미지 작업창에서 초승달 모양으로 선택되어 있는 곳에 클릭하면 선택 영역에 전경색인 노란색이 채워진다.

*팁(tip):* 단축기 Alt + del 를 누르면 도구 박스의 전경색으로 채우고, Ctrl + del 를 누르면 배경색으로 채워진다.

5. Ctrl + D 를 눌러 선택 영역을 해제한다.

*팁(tip):* 선택영역의 해제는 [선택]메뉴에서 [선택해제]를 선택하거나 단축키 Ctrl + D 또는 이미지 작업창의 적당한 곳을 클릭하면 된다.

6. 이미지 가장자리를 부드럽게 하기 위해 ① 도구 박스에서 사각형 선택영역 도구를 클릭하여, ② 옵션 바의 '페더' 항목에 20을 입력한 후, ③ 화면과 같이 사각형으로 드래그하여 선택 영역을 지정한다.

*팁(tip):* 페더는 0 ~ 250 픽셀까지 설정 가능하며, 수치가 클수록 선택 영역의 경계가 더욱 부드러워 진다. 단, '페더' 옵션은 마우스를 활용하여 영역을 선택하기 전에 적용해야 한다.

7. [선택] 메뉴에서 [반전]을 누르면 선택 영역이 반전된다. 전경색을 진한 파랑색(R:0, G:124, B:184)으로 변경하고, [Alt]+[Delete]로 전경색을 채우면 경계가 부드러운 이미지가 완성된다.

---

📍**참고** 선택영역 지정(사각형 선택 윤곽 도구, 원형 선택 윤곽 도구)

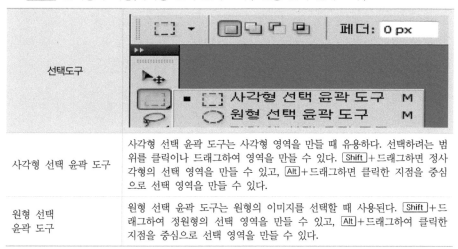

| 선택도구 | |
|---|---|
| 사각형 선택 윤곽 도구 | 사각형 선택 윤곽 도구는 사각형 영역을 만들 때 유용하다. 선택하려는 범위를 클릭이나 드래그하여 영역을 만들 수 있다. [Shift]+드래그하면 정사각형의 선택 영역을 만들 수 있고, [Alt]+드래그하면 클릭한 지점을 중심으로 선택 영역을 만들 수 있다. |
| 원형 선택 윤곽 도구 | 원형 선택 윤곽 도구는 원형의 이미지를 선택할 때 사용된다. [Shift]+드래그하여 정원형의 선택 영역을 만들 수 있고, [Alt]+드래그하여 클릭한 지점을 중심으로 선택 영역을 만들 수 있다. |

# 7. 복제 도장 도구로 이미지 복제하기

| 작 업 순 서 | 결 과 화 면 |
|---|---|
| 1. [파일] 메뉴에서 [열기]를 클릭한다. 예제파일 중에 '아들 01.jpg'를 선택하고 열기를 클릭한다. | |
| 2. ① 도구 박스에서 복제 도장 도구를 클릭한다. ② 옵션 바에서 브러시의 마스터 직경을 45px로 입력하고, ③ '정렬' 옵션의 체크를 해제한다.<br><br>**참고**<br>불투명도가 100%로 되어 있는가를 확인한다. |  |
| 3. ① 이미지 작업창의 복사하고자 하는 부분(머리)에서 [Alt]를 누르고 클릭한다. ② 오른쪽으로 이동한 후 클릭한 채 드래그하면 똑같이 복사되어 나타난다. 화면과 같이 오른쪽에 똑같이 복제가 되도록 만들어 본다.<br><br>**팁(tip):** *2번에서 '정렬' 옵션의 체크를 해제하였으므로 마우스에서 손을 뗀 후, 다시 클릭한 채 드래그하면 처음 [Alt]로 지정한 지점의 이미지부터 복제된다.* |  |

# 8. 힐링(복구)브러시와 패치도구로 점 없애기

**참고** 위에서 설명한 [복제도장도구]를 사용하여 점 없애기를 할 수 있다. 또한 포토샵에서는 한 가지의 작업을 하기 위해 여러 가지의 방법을 활용할 수 있다.

| 작 업 순 서 | 결 과 화 면 |
|---|---|
| 1. [파일] 메뉴에서 [열기]를 클릭한다. 예제파일 중에 '딸01.jpg'를 선택하고 열기를 클릭한다. | 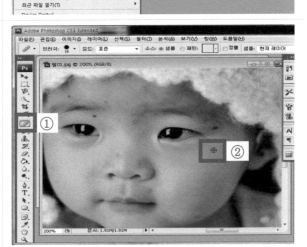 |
| 2. ① 도구 박스에서 [복구 브러시 도구]를 클릭한 후 ② 이미지 작업창의 복사하고자 하는 부분에서 Alt를 누르고 클릭한다.<br><br>**팁(tip):** [복구 브러시 도구]와 [패치 도구]는 이미지의 주름, 흠, 결점과 같은 것들을 제거할 때 사용한다. 복제 도장 도구와는 달리 음영 질감 등의 속성을 보호하면서 수정해 주는 차이가 있다. | |
| 3. ① 이미지 작업창에서 점이 있는 부분을 클릭한 채 드래그하면 2번에서 지정한 지점을 따라 이미지가 복사되면서 점이 감쪽같이 보정된다. 화면에 + 표시는 현재 복사하는 부분을 보여준다.<br><br>**팁(tip):** 복구 브러시 도구는 복제 도장 도구와 사용 방법이 같으며, 이에 따라 복제 도장 도구를 사용해도 결과는 거의 동일하다. |  |

4. ① 도구 박스에서 패치 도구를 클릭한 후 옵션바에서 '소스' 옵션을 선택하고, ② 이미지 작업창에서 화면과 같이 오른쪽 볼 밑의 붉은 반점을 원을 그리듯 주위를 드래그하여 선택한다.

**팁(tip):** 브러시 도구를 사용하는 힐링 브러시 도구와는 달리 패치 도구는 영역을 지정하여 이미지를 보정한다.

5. ① 선택 영역을 클릭한 채 ② 복사할 부분, 즉 깨끗한 부분으로 드래그한 후 마우스 단추에서 손을 떼면, 선택 영역 안의 이미지에 드래그한 지점의 이미지가 자연스럽게 복사되면서 붉은 반점이 사라진다.

**팁(tip):** 위에서 설명한 [복제 도장 도구로 이미지 복제하기]를 사용하여 점 없애기를 해 보면서 두 가지의 방법을 비교해 보는 것은 포토샵 실력향상이 많은 도움이 될 수 있다.

# 9. 자르기 도구로 증명사진 만들기

| 작 업 순 서 | 결 과 화 면 |
|---|---|
| 1. [파일] 메뉴에서 [열기]를 클릭한다. 예제파일 중에 '딸03.jpg'를 선택하고 열기를 클릭한다. | 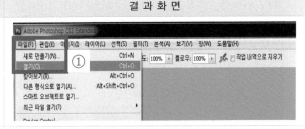 |
| 2. ① 도구 박스에서 자르기 도구를 클릭하고, ②이미지 작업 창에서 화면과 같이 드래그하여 자르기 영역을 선택한다. ③ 선택 부분만을 남기고 잘려나갈 부분은 어둡게 변경된다. | 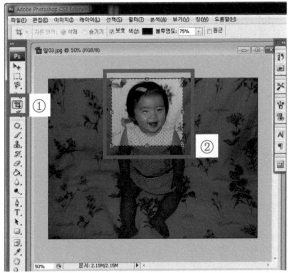 |
| 3. 옵션 바의 확인 버튼을 클릭하거나, Enter↵를 누르면 선택 부분만을 남기고 나머지 이미지가 잘려진다.<br><br>**팁(tip):** *이미지를 사각 선택 도구로 선택한 후 [이미지]-[자르기]을 클릭해도 선택 영역만 남고 나머지 이미지가 잘려진다.* | 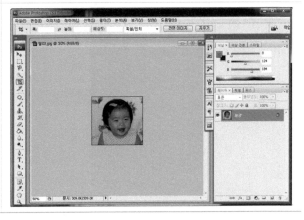 |

# 10. 명도/대비로 흐린 사진을 선명하게 만들기

참고  이미지-조정 메뉴에는 사진(이미지)을 편집할 수 있는 다양한 기능들이 있
는데, 사진을 촬영한 후에 조금 더 보기 좋게 만들기 위해서는 필수적으로
사용하게 된다.

| 작 업 순 서 | 결 과 화 면 |
|---|---|
| 1. [파일] 메뉴에서 [열기]를 클릭한다. 예제파일 중에 '딸05.jpg'를 선택하고 열기를 클릭한다. | 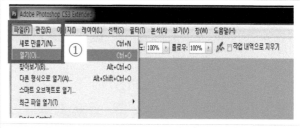 |
| 2. 흐린 사진을 선명하게 만드는 방법 중 명도/대비 효과를 적용한다.<br>① [이미지] 메뉴에서 [조정]-[명도/대비]를 클릭하여, ② [명도/대비] 대화상자가 나타나면 '명도'는 −15, '대비'는 40으로 설정하고 [확인] 버튼을 클릭한다. 이미지가 선명하게 변경된다.<br><br>참고<br>[이미지]-[조정] 메뉴에는 다양한 조정 메뉴들이 있으며, [명도/대비] 외 다른 메뉴들을 사용해 보는 것도 괜찮다. |  |

# 11. 곡선으로 흐린 사진을 선명하게 만들기

| 작 업 순 서 | 결 과 화 면 |
|---|---|
| 1. [파일] 메뉴에서 [열기]를 클릭한다. 예제파일 중에 '딸05.jpg'를 선택하고 열기를 클릭한다. | 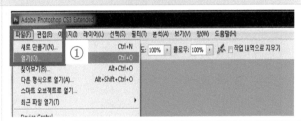 |
| 2. 흐린 사진을 선명하게 만드는 방법 중 곡선을 적용한다. ① [이미지] 메뉴에서 [조정]-[곡선]을 클릭하면 [곡선] 대화상자가 나타난다. ② [곡선] 대화상자에서 그래프 상단을 클릭한 채 위쪽으로 드래그하고, ③ 하단을 클릭한 채 아래쪽으로 드래그한 후 [확인] 버튼을 클릭한다. 이미지가 전체적으로 어두워지고 선명해 졌지만 불빛은 더욱 밝아졌다.<br><br>**팁(tip):** 실제로 이미지를 선명하게 할 때 '곡선'과 '레벨' 기능은 결과물에 큰 차이를 보이지 않으므로 조금 더 편한 방법을 선택하면 된다. | 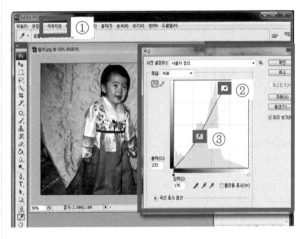 |

# 12. 레벨로 흐린 사진을 선명하게 만들기

| 작 업 순 서 | 결 과 화 면 |
|---|---|
| 1. [파일] 메뉴에서 [열기]를 클릭한다. 예제파일 중에 '딸05.jpg'를 선택하고 열기를 클릭한다. | 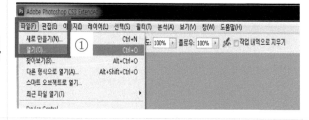 |
| 2. 흐린 사진을 선명하게 만드는 방법 중 레벨을 적용한다. ① [이미지] 메뉴에서 [조정]-[레벨]을 클릭하면 [레벨] 대화상자가 나타난다. ② [레벨] 대화상자에서 '입력 레벨'의 히스토그램에서 흰색 슬라이더를 왼쪽으로 드래그 하면 이미지가 밝아진다.<br><br>**팁(tip):** *히스토그램은 이미지의 전체적인 명도 분포를 알려준다. 검은색 슬라이더는 이미지의 어두운 부분, 회색 슬라이더는 중간 부분, 흰색 슬라이더는 밝은 부분을 나타낸다.* |  |

# 13. 캔버스 크기 조절하기

| 작 업 순 서 | 결 과 화 면 |
|---|---|
| 1. [파일] 메뉴에서 [열기]를 클릭한다. 예제파일 중에 '딸02.jpg'를 선택하고 열기를 클릭한다. | 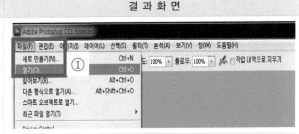 |
| 2. ① [이미지] 메뉴에서 [캔버스 크기]를 클릭한다. ② [캔버스 크기] 대화상자가 나타나면 '폭'과 '높이'에 각각 1100, 700을 입력한 후, ③ '기준' 항목에서 가운데를 클릭하고 [확인] 버튼을 클릭한다. | 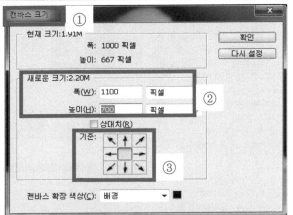 |
| 3. 이미지의 오른쪽과 아래쪽으로 캔버스의 크기가 확장된다. 이때 확장되는 부분은 색상 모드의 배경색(background color)으로 채워지게 된다.<br><br>**팁(tip):** *[이미지 크기]는 이미지의 원본 크기가 확대 혹은 축소되고 [캔버스 크기]는 이미지의 크기에는 변화가 없고 캔버스의 크기만 확대 혹은 축소된다.* |  |

## 14. 화면 캡쳐 후 이미지 크기 조절하기

| 작 업 순 서 | 결 과 화 면 |
|---|---|
| 1. ① [시작]-[프로그램]-[인터넷 익스플로러 혹은 크롬(chrome)]을 클릭한다. ② 인터넷 익스플로러가 실행되면 주소에 'http://www.daum.net'을 입력한 후 Enter↵를 클릭한다. ③ '다음' 사이트가 나타나면 Print Screen 을 눌러 화면을 캡쳐한다. <br><br> **참고** <br><br> 화면을 캡쳐할 때에 왼쪽 하단에 있는 fn키와 오른쪽 상단의 prtsc키를 같이 눌러주어야 하는 경우도 있다. 이때에는 그림판(Windows에서 기본으로 제공하는 그래픽 툴)이 열리면서 붙여놓기가 되는데, 그림판에서 저장한 후에 포토샵에서 불러와서 추가 작업을 하면 된다. |  |
| 2. ① [시작]-[프로그램]-[Adobe Photoshop]을 클릭하여 포토샵을 실행한다. ② [파일] 메뉴에서 [새로 만들기]를 클릭한다. ③ [새로 만들기] 대화상자가 나타나면, 그대로 확인을 클릭한다. ④ [편집] 메뉴에서 [붙이기]를 클릭하면, 이미지 작업창에 캡쳐해 둔 이미지가 나타난다. <br><br> **팁(tip):** [편집]-[붙이기]는 단축키 Ctrl+V로 복사된 이미지를 붙여 넣는 기능이다. | 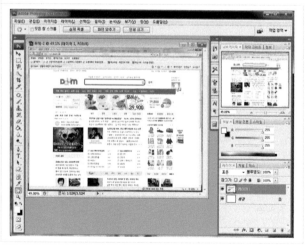 |

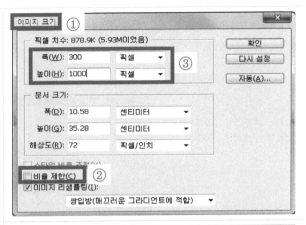

3. ① [이미지] 메뉴에서 [이미지 크기]를 클릭한다. ② [이미지 크기] 대화상자가 나타나면, '비율 제한'의 체크를 해제하고, ③ '픽셀 치수' 옵션의 '폭'을 300으로 설정한 후 [확인]을 클릭한다.

4. 이미지 작업창의 이미지는 가로 크기가 작게 변경되어 세로로 긴 이미지가 된다.

**팁(tip):** 위에서 '비율 제한'에 체크를 하면, 이미지의 '폭'과 '높이'가 비율에 맞추어 조절된다. 따라서 포토샵으로 이미지 작업을 할 때에 '비율 제한'에 체크를 할 것인지 혹은 체크를 해제하는가에 따라 완전히 다른 크기의 이미지가 될 수 있다.

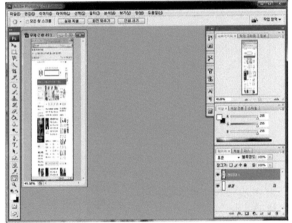

## 15. 컬러 사진을 흑백 사진으로 만들기

| 작 업 순 서 | 결 과 화 면 |
| --- | --- |
| 1. [파일] 메뉴에서 [열기]를 클릭한다. 예제파일 중에 '아들 02.jpg'를 선택하고, 열기를 클릭한다. | 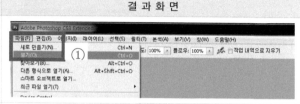 |
| 2. 컬러 사진을 흑백 사진으로 만들기 위해 [이미지] 메뉴에서 [모드]-[회색음영]을 클릭한다. | 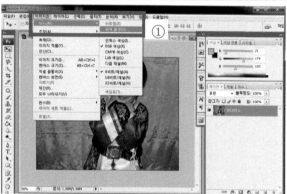 |
| 3. 컬러 정보를 삭제할 것인지 물어보는 메시지 대화상자가 나타나면 [버리기] 버튼을 클릭한다. | 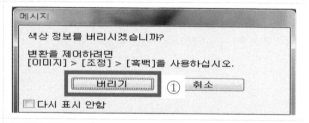 |
| 4. 이미지가 흑백 사진으로 변경되었고, 타이틀 바에는 '회색'으로 표시된다.<br><br>팁(tip): 회색음영 모드에서는 필터를 사용할 수 없고, 컬러 사진과 합성할 수도 없으며, 또한 색상을 보정할 수도 없다. | 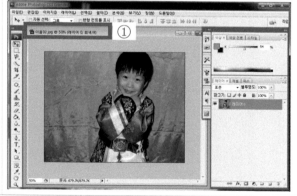 |

# 16. 이미지 일부분만 흑백 사진으로 만들기

| 작 업 순 서 | 결 과 화 면 |
|---|---|
| 1. [파일] 메뉴에서 [열기]를 클릭한다. 예제파일 중에 '딸04.jpg'를 선택하고 열기를 클릭한다. | 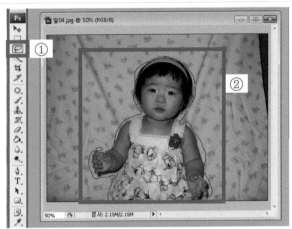 |
| 2. 이미지의 일부분만 선택하기 위해 올가미 도구를 이용한다. ① 도구 박스에서 올가미 도구를 클릭한 후, ② 화면과 같이 이미지 주변을 드래그하여 선택영역을 지정한다. ③ 처음 시작한 지점까지 와서 마우스를 놓으면 선택영역이 지정된다.<br><br>**팁(tip):** *올가미 도구를 쓰다보면 클릭하다가 의도하지 않을 대로 연결선이 엉켜버리는 경우가 많다. 이때 Esc키를 누르면 초기화 된다.* | |
| 3. 흑백으로 만들 부분은 선택영역과 반대이므로 선택영역을 반대로 설정하고 흑백을 적용한다. ① [선택] 메뉴에서 [반전]을 클릭해서 선택영역을 배경으로 수정한다. ② [이미지] 메뉴에서 [조정]-[채도감소]를 클릭한다. 인물을 제외한 배경 부분만이 흑백으로 변하였다.<br><br>**팁(tip):** *'채도감소' 기능은 이미지에서 채도를 제거하여 흑백으로 표현한다. 컬러 모드를 그대로 유지하므로 색상을 계속 사용할 수 있고 부분적인 색상 적용도 가능하다.* |  |

참고 선택영역 지정(올가미 도구, 다각형 올가미 도구, 자석 올가미 도구)

| 선택도구 | 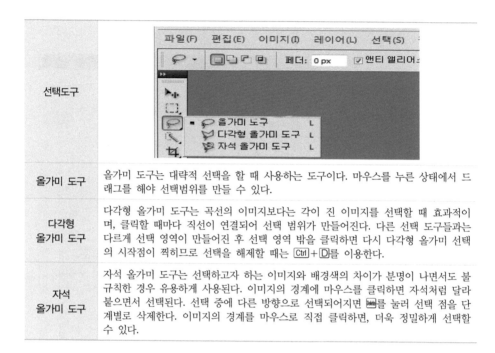 |
| --- | --- |
| 올가미 도구 | 올가미 도구는 대략적 선택을 할 때 사용하는 도구이다. 마우스를 누른 상태에서 드래그를 해야 선택범위를 만들 수 있다. |
| 다각형 올가미 도구 | 다각형 올가미 도구는 곡선의 이미지보다는 각이 진 이미지를 선택할 때 효과적이며, 클릭할 때마다 직선이 연결되어 선택 범위가 만들어진다. 다른 선택 도구들과는 다르게 선택 영역이 만들어진 후 선택 영역 밖을 클릭하면 다시 다각형 올가미 선택의 시작점이 찍히므로 선택을 해제할 때는 Ctrl+D를 이용한다. |
| 자석 올가미 도구 | 자석 올가미 도구는 선택하고자 하는 이미지와 배경색의 차이가 분명이 나면서도 불규칙한 경우 유용하게 사용된다. 이미지의 경계에 마우스를 클릭하면 자석처럼 달라붙으면서 선택된다. 선택 중에 다른 방향으로 선택되어지면 Delete를 눌러 선택 점을 단계별로 삭제한다. 이미지의 경계를 마우스로 직접 클릭하면, 더욱 정밀하게 선택할 수 있다. |

# 17. 이미지 일부분만 다른 사진으로 이동하기

| 작 업 순 서 | 결 과 화 면 |
|---|---|
| 1. [파일] 메뉴에서 [열기]를 클릭한다. 예제파일 중에 '아들 02.jpg'를 선택하고 열기를 클릭한다. |  |
| 2. 도구 박스에서 사각형 선택 도구를 클릭한다. 이미지 작업창에서 얼굴 부분을 대각선방향으로 드래그하여 선택한다.<br><br>**참고**<br>본 실습은 [편집] 메뉴에서 [복사하기]+[붙이기]를 사용해 보는 것도 괜찮다고 생각한다. |  |
| 3. 선택영역에 크기, 회전 등을 적용한다.<br>① 선택 영역이 지정된 상태에서 [선택]-[선택영역 변형]을 선택한다. ② 선택 영역에 조절점이 표시되면 조절점을 드래그하여 선택 영역의 크기를 조정하고, ③ 모서리 바깥쪽에서 드래그하여 얼굴 이미지와 평행을 이룰 수 있도록 회전한다. ④ 옵션 바의 확인 단추를 클릭하거나 Enter↵를 클릭하여 선택 영역의 변형을 완료한다. | |

4. 배경02 파일에 선택한 이미지 붙여 넣는다.

① [파일] 메뉴에서 [열기]를 클릭한다. 예제파일 중에 '배경02.jpg'를 선택하고 열기를 클릭한다.

② 도구 박스에서 이동도구를 클릭한 후, '아들02.jpg' 파일의 얼굴을 '배경02.jpg' 파일로 드래그하여 복사한다.

③ 복사된 얼굴이미지를 Ctrl + T를 눌러 선택 영역에 조절점이 표시되면, 조절점을 드래그하여 선택 영역의 크기를 조정하고, 옵션 바의 확인 단추를 클릭하여 선택 영역의 변형을 완료한다.

**참고**

[편집] 메뉴에서 [복사하기] + [붙이기]를 사용해도 동일한 결과를 얻을 수 있다.

5. 크기를 350 픽셀 크기로 정확하게 변경한다. Ctrl + T를 눌러 선택 영역에 조절점을 표시한다. ① 옵션에서 단위가 %이므로 'H'의 수치 입력 창에서 마우스 오른쪽 버튼을 클릭하면 나타나는 바로 가기 메뉴에서 [픽셀]을 선택하여 단위를 변경한다. 단위가 변경되었으면 350을 입력한 후, Enter↵를 눌러 이미지 변형을 완료한다.

② 도구 박스에서 이동 도구를 클릭하여 이미지를 적당한 곳으로 이동한다.

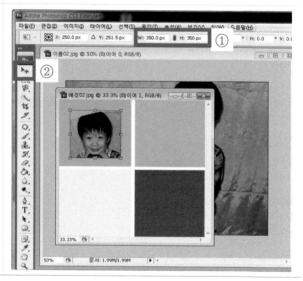

## 18. 이미지 합성으로 해외여행 사진 만들기

| 작 업 순 서 | 결 과 화 면 |
|---|---|
| 1. [파일] 메뉴에서 [열기]를 클릭한다. 예제파일 중에 '딸05.jpg'를 선택하고 열기를 클릭한다. | |
| 2. 이미지 작업창에서 '인물사진'을 복사하기 위해 ① 도구 박스에서 [자석 올가미 도구]를 클릭한다. ② 인물을 따라 드래그하면 선택 영역으로 지정된다. ③ 선택한 영역의 '인물사진'을 복사하기 위해 [편집] 메뉴에서 [복사]를 클릭한다.<br><br>**팁(tip):** 복사 명령의 단축키는 *Ctrl*+*C*이다. |  |
| 3. 배경01 이미지에 선택된 '인물사진'을 복사시킨다. ① [파일] 메뉴에서 [열기]를 클릭한다. 예제파일 중에 '배경01.jpg'를 선택하고 열기를 클릭한다. ② 배경01 이미지를 선택한 후 [편집] 메뉴에서 [붙여넣기]를 클릭한다. ③ [레이어] 패널을 보면 인물사진이 복사되면서 새로운 레이어가 자동으로 생성되어 레이어가 2개가 된 것을 확인할 수 있다.<br><br>**팁(tip):** 붙여넣기 명령의 단축키는 *Ctrl*+*V*이다. |  |

4. ① 도구 박스에서 이동 도구를 클릭한 후, ② 인물사진을 마우스로 드래그하면 '인물사진'을 원하는 곳으로 이동시킬 수 있다.

5. ① [편집] 메뉴에서 [붙여넣기]를 실행하면 추가로 '인물사진'이 나타나며, 도구 박스에서 이동 도구를 이용하여 화면과 같이 '인물사진'을 추가로 복사하고 배치한다. [편집] 메뉴에서 [변형]−[가로로 뒤집기(수평 뒤집기)]를 클릭하면 좌우로 방향을 전환할 수도 있다.

6. 레이어를 보면 인물사진 레이어가 두 개 인 것을 확인할 수 있다.

**팁(tip):** 컴퓨터에서 복사한 내용은 '클립보드'라는 곳에 일시적으로 저장된다. 클립보드에 저장된 내용은 새로운 내용을 복사하지 않는 한 기존에 복사한 내용을 그대로 저장하고 있다. 그러므로 [붙여넣기] 메뉴만 반복하면 기존에 복사한 인물사진을 그대로 붙여 넣을 수 있다.

# 19. 예쁜 글자 넣은 폴라로이드 사진 만들기

| 작 업 순 서 | 결 과 화 면 |
|---|---|
| 1. [파일] 메뉴에서 [열기]를 클릭한다. 예제파일 중에 '딸03.jpg'를 선택하고 열기를 클릭한다. | 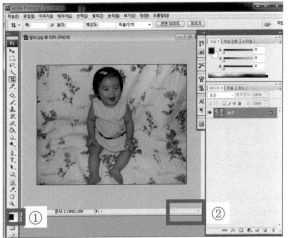 |
| 2. 사진 주변으로 흰색 바탕을 넣어 폴라로이드 배경을 만들기 위해 ① 도구 박스에서 전경색 밑에 있는 배경색을 흰색으로 지정한다.<br>② 이미지 작업창의 모서리부분을 바깥방향으로 드래그하여 이미지 작업창의 크기를 늘려야 하는데, 아래와 같이 진행하면 된다. | 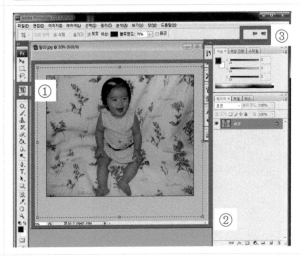 |
| 3. ① 도구 박스에서 [자르기 도구]를 클릭한 후, ②마우스를 드래그하여 이미지 전체를 선택한다. ③ 왼쪽 중앙, 오른쪽 중앙, 위 중앙, 아래 중앙에 있는 조절점을 바깥방향으로 드래그하여 이미지보다 크게 선택 영역을 늘린다. ④ 선택한 영역의 안쪽에서 마우스를 더블 클릭하거나, 옵션바에 있는 [확인]을 클릭하면 흰색 배경의 폴라로이드 사진이 만들어진다.<br><br>📌참고<br>새로운 작업창을 선택한 이미지보다 크게 만든 후에 붙여넣기를 하는 것도 괜찮다. | |

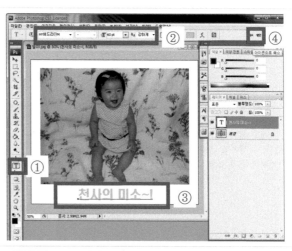

4. ① 도구 박스에서 수평 문자 도구를 클릭한 후, ② 옵션에서 글꼴 'HY헤드라인M', 글자 크기 '60pt', '강하게'를 선택하고 글자색을 지정한다. ③ 글자시작 위치에 클릭한 후, "천사의 미소~!"라고 글자를 입력한 후 확인을 클릭한다.

5. 입력한 글자에 효과를 주기 위해 글자가 입력된 레이어에서 ① 레이어 패널 아래에 있는 레이어 스타일 아이콘(하단 fx에서 선택)을 클릭한 후 [경사와 엠보스]를 클릭한다.

**팁(tip):** *[경사와 엠보스]는 이미지나 텍스트를 입체적으로 보이게 만들 수 있다.*

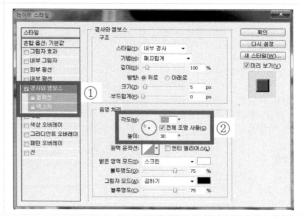

6. ① [레이어스타일] 대화상자에서 '내부경사' 스타일을 선택하고, ② '각도(빛의 방향)'을 '150도'로 입력한 후 [확인]을 클릭한다. 입력한 글자가 입체적으로 변경된다.

7. 입체적으로 변한 글자에 그림자 효과를 적용하기 위해 [그림자효과] 메뉴를 클릭한다. [레이어 스타일] 대화 상자에서 그림자 색상을 지정하고 '거리'를 '5px'로 입력한 후, [확인]을 클릭한다.

**팁(tip):** *[그림자효과]는 이미지나 텍스트의 바깥쪽에 그림자를 생성한다.*

**팁(tip):** *'거리'에서는 그림자가 생성되어 표시될 간격을 설정한다. 값이 높을수록 그림자는 레이어 이미지에서 멀리 생성된다.*

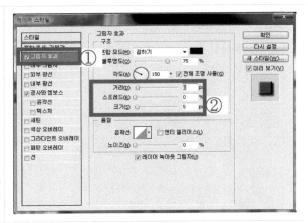

8. 글자가 입력된 레이어에 입체 효과와 그림자 효과가 동시에 적용되면서 입체 문자가 완성된다.

**팁(tip):** *[레이어] 패널을 보면 선택한 레이어 스타일 항목(그림자 효과, 경사와 엠보스)이 보인다. 이 항목을 더블 클릭하면 언제든지 레이어 스타일을 수정 및 편집할 수 있다.*

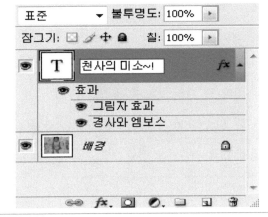

참고 문자 패널과 단락 패널

포토샵의 [도움말] 옆쪽에 있는 [문자 패널과 단락 패널]의 주요 기능은 다음과 같다.

| 문자 패널 | 설 명 |
|---|---|
| 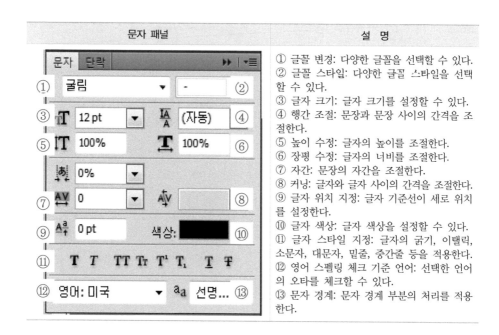 | ① 글꼴 변경: 다양한 글꼴을 선택할 수 있다.<br>② 글꼴 스타일: 다양한 글꼴 스타일을 선택할 수 있다.<br>③ 글자 크기: 글자 크기를 설정할 수 있다.<br>④ 행간 조절: 문장과 문장 사이의 간격을 조절한다.<br>⑤ 높이 수정: 글자의 높이를 조절한다.<br>⑥ 장평 수정: 글자의 너비를 조절한다.<br>⑦ 자간: 문장의 자간을 조절한다.<br>⑧ 커닝: 글자와 글자 사이의 간격을 조절한다.<br>⑨ 글자 위치 지정: 글자 기준선이 세로 위치를 설정한다.<br>⑩ 글자 색상: 글자 색상을 설정할 수 있다.<br>⑪ 글자 스타일 지정: 글자의 굵기, 이탤릭, 소문자, 대문자, 밑줄, 중간줄 등을 적용한다.<br>⑫ 영어 스펠링 체크 기준 언어: 선택한 언어의 오타를 체크할 수 있다.<br>⑬ 문자 경계: 문자 경계 부분의 처리를 적용한다. |

| 단락 패널 | 설 명 |
|---|---|
| 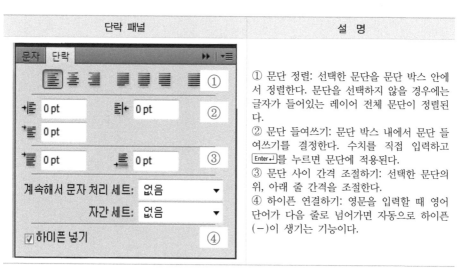 | ① 문단 정렬: 선택한 문단을 문단 박스 안에서 정렬한다. 문단을 선택하지 않을 경우에는 글자가 들어있는 레이어 전체 문단이 정렬된다.<br>② 문단 들여쓰기: 문단 박스 내에서 문단 들여쓰기를 결정한다. 수치를 직접 입력하고 [Enter↵]를 누르면 문단에 적용된다.<br>③ 문단 사이 간격 조절하기: 선택한 문단의 위, 아래 줄 간격을 조절한다.<br>④ 하이픈 연결하기: 영문을 입력할 때 영어 단어가 다음 줄로 넘어가면 자동으로 하이픈 (−)이 생기는 기능이다. |

## 20. 블렌딩 모드로 뽀샤시한 이미지 만들기

| 작 업 순 서 | 결 과 화 면 |
|---|---|
| 1. [파일] 메뉴에서 [열기]를 클릭한다. 예제파일 중에 '딸03.jpg'를 선택하고 열기를 클릭한다. | 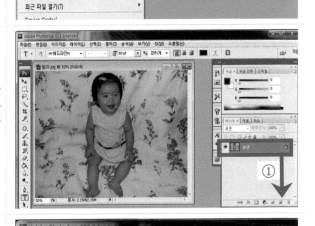 |
| 2. ① [레이어] 패널에서 '배경' 레이어를 [새 레이어 만들기] 아이콘으로 드래그하여 레이어를 복사한다. 새로운 '배경 사본' 레이어가 추가로 생성되었다. | |
| 3. 복사한 레이어의 이미지를 뽀옇게 만들기 위해 ① [필터] 메뉴에서 [흐림효과]-[가우시안 흐림효과]를 클릭한다. ② [가우시안 흐림효과] 대화 상자가 나타나면, '반경'의 수치를 '5'가 되도록 조절하고 [확인]을 클릭한다. 이미지가 초점이 맞지 않는 것처럼 뽀옇게 바뀌었다.<br><br>*팁(tip): '반경'은 이미지의 뽀옇게 되는 정도를 말하는데, 수치가 높을수록 이미지가 뽀옇게 된다.* | 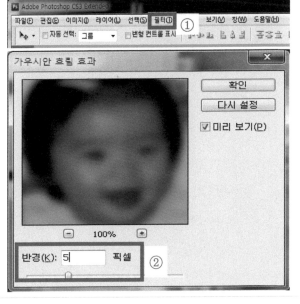 |

4. ① [레이어] 패널의 '블렌딩 모드'의 목록 내림 단추를 클릭하여 '스크린'을 선택한다.

📌**참고**
[레이어]—[표준]을 클릭한 후에 [스크린]을 선택할 수 있다.

*팁(tip): 블렌딩 모드는 현재 레이어와 바로 아래 겹침 레이어의 다양한 합성 방법을 선택할 수 있는 기능이다. 스크린 모드는 아래 레이어와 합쳐지면서 밝은 색상이 우선하는 모드이다.*

5. 두 레이어가 합성되면서 이미지가 밝아진다. 이미지를 조금 더 보정하기 위해 ① 레이어 팔레트의 [조정레이어] 패널(새 칠 또는 조정레이어 만들기)에서 곡선을 클릭한다. [곡선] 대화 상자에서 오른쪽 위의 밝은 톤과 왼쪽 아래의 어두운 톤을 드래그하여 명암과 대비를 조절하면 한층 더 뽀샤샤한 이미지를 만들 수 있다.

📌**참고**
[조정레이어] 패널에 대해서는 [6. 선택도구로 초승달 그리기] 바로 앞에 있는 [☞[참고] 레이어 패널]를 참조하면 된다.

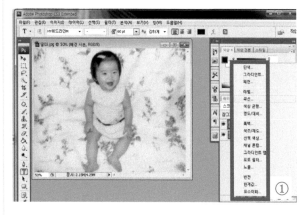

# 포토샵의 응용

## 1. 포토샵을 활용한 이미지 만들기 응용(1)

위에서 포토샵의 활용과 실무에 대해 20가지를 설명을 하였으며, 지금부터는 포토샵을 활용한 이미지 만들기 응용에 대해 6가지를 설명할 것이다. 포토샵을 조금 더 많이 활용하고 싶은 경우에는 6가지의 응용을 직접 실습해 보는 것이 필요할 것이다.

| 조 건 | | | | 결 과 화 면 |
|---|---|---|---|---|

| 원본 이미지 | 실전01-1(원본).jpg | | |
|---|---|---|---|
| 파일저장규칙 | PSD JPG | 파일명 | 실전01-1(완성).psd 실전01-1(완성).jpg |
| | | 크기 | 400×300 pixels |

**1. 그림효과**
① 복제 후 변형: 요트
② 도구 사용: 파도 모양(임의의 2가지 색상)

**2. 문자효과**
① 요트와 바다(궁서, 40pt), 레이어 스타일-그림자 효과, 선(1px, #ffffff), 그라디언트 오버레이-흰색에서 파란색으로, 상하 방향

<출처: 한국생산성본부>

### 작 업 과 정

**〈작업과정 요약〉**
1. 새 캔버스 만들기와 저장 → 2. 원본 이미지 이동 → 3. 이미지 복제 및 변형 → 4. 파도 모양 만들기 → 5. 문자 작업 → 6. 파일 저장

〈작업과정 상세〉

## 1. 새 이미지 작업창 만들기와 저장
① 새 이미지 작업창 만들기 위해 [파일]−[새로 만들기]([Ctrl]+[N])를 선택하고, [새로 만들기] 대화상자가 표시되면 '폭'은 400픽셀, '높이'는 300픽셀, '해상도'는 72픽셀/인치, '색상모드'는 RGB칼라모드, 8bit로 설정하고 [확인]을 클릭한다.
② 파일을 저장하기 위해 [파일]−[다른 이름으로 저장] 대화상자에서 '저장위치'를 [내문서] 폴더로 지정하고 '파일 이름'을 실전01−1(완성)으로 입력한다.
③ '형식'에서 저장 방식을 Photoshop형태로 지정한 후 [저장]을 클릭한다.
④ [파일]−[열기]([Ctrl]+[O])를 선택하고 '실전01−1(원본)'을 불러온다.

## 2. 원본 이미지 이동
① 도구 박스에서 이동 도구를 클릭한 후 '실전01−1(원본)' 창의 이미지를 드래그하여 작업 창으로 이동한다.
② 레이어 팔레트의 '레이어 1'을 더블클릭하여 레이어의 이름을 "바다"로 바꾼다.

## 3. 이미지 복제 및 변형
① 도구 박스에서 자석 올가미 도구를 클릭한 후, 작업창의 요트 이미지를 선택 영역으로 설정한다.
② 도구 박스에서 이동 도구를 클릭하고, [Alt]+드래그하여 이미지를 복제한다.
③ [Ctrl]+[T]를 눌러 크기와 위치를 조절하고 [Enter↵]를 누른다.
④ [Ctrl]+[D]를 눌러 선택 영역을 해제한다.

## 4. 파도 모양 만들기
① 도구 박스에서 사용자 정의 모양 도구를 클릭한 후 옵션 바에서 '옵션모드'를 모양 레이어, '모양'은 파도, '색상'은 #ffffff로 설정하고 드래그하여 이미지를 그린다.
② 레이어 팔레트의 '모양 1'을 더블클릭하여 레이어의 이름을 "물결"로 바꾼다.
③ 도구 박스에서 이동 도구를 클릭하고 [Alt]+드래그하여 물결 이미지를 복사한다.
④ [Ctrl]+[T]를 눌러 크기와 위치를 조절하고 [Enter↵]를 클릭한 후, 레이어의 이름을 "물결1"로 바꾼다.
⑤ '물결1' 레이어의 레이어 축소판을 더블클릭하여 색을 #ffff00으로 설정한다.

## 5. 문자 작업
① 도구 박스에서 수평 문자 도구, [T]를 클릭하고 옵션 바에서 '글꼴'은 궁서, '글꼴 크기'는 40pt로 설정한다. 글자를 입력할 위치를 마우스로 클릭한 후 "요트와 바다"를 입력한다.
② 레이어 스타일의 [그라디언트 오버레이]를 선택하고 '그라디언트'를 클릭한다.
③ [그라디언트 편집기] 대화상자의 그라디언트 슬라이드 왼쪽 하단 부분의 '색상 정지점'을 더블클릭한다. [색상 피커] 대화상자의 '색상'은 #0000ff를 입력한 후 [확인]을 클릭한다. 오른쪽 '색상 정지점'을 더블클릭하여 '색상'을 #ffffff로 입력한 후 [확인]을 클릭한다.
④ 레이어 스타일 추가의 [선]을 선택하고 '크기'는 1px, '색상'은 #ffffff로 설정한다.
⑤ 레이어 스타일 추가의 [그림자 효과]를 선택한 후 [확인]을 클릭한다.

## 6. 파일 저장
① [파일]−[저장]([Ctrl]+[S])를 눌러 파일을 저장한다.
② JPG 파일로 저장하기 위해 [파일]−[다른 이름으로 저장]([Shift]+[Ctrl]+[S])을 선택하여 [다른 이름으로 저장] 대화상자를 표시한다.
③ '저장 위치'를 [내문서] 폴더로 지정한다.
④ '형식'에서 저장 방식을 JPEG(*.JPG;*.JPEG;*.JPE)로 지정한다.
⑤ '파일 이름'을 실전01−1(완성)으로 입력한다.

# 2. 포토샵을 활용한 이미지 만들기 응용(2)

| 조 건 | | | 결 과 화 면 |
|---|---|---|---|
| 원본<br>이미지 | 실전02-1(원본).jpg | | |
| 파일저<br>장규칙 | PSD<br>JPG | 파일명 | 실전02-1(완성).psd<br>실전02-1(완성).jpg |
| | | 크기 | 450×300 pixels |

**결과 화면**

<출처: 한국생산성본부>

**1. 그림효과**
① 복제 후 변형: 파란 꽃
② 도구 사용: 왼쪽창을 도장 도구를 이용하여 벽면 복사
③ 나뭇잎 모양(#99cc33), 불투명도(70%)

**2. 문자효과**
① 봄(바탕, 120pt, #ff0066)
② 나들이..(바탕, 38pt, #990066)
③ 옷깃속으로 봄바람이 들어옵니다.(바탕, 15pt, #330033)

## 작 업 과 정

**〈작업과정 요약〉**
1. 새 이미지 작업창 만들기와 저장 → 2. 이미지 복제 및 변형 → 3. 나뭇잎 모양 만들기 → 4. 문자 작업 → 5. 파일 저장

**〈작업과정 상세〉**
**1. 새 이미지 작업창 만들기와 저장**
① 새 이미지 작업창 만들기 위해 [파일]-[새로 만들기]([Ctrl]+[N])를 선택하고, [새로 만들기] 대화 상자가 표시되면 '폭'은 450픽셀, '높이'는 300픽셀, '해상도'는 72픽셀/인치, '색상모드'는 RGB칼라모드, 8bit로 설정하고 [확인]을 클릭한다.
② 파일을 저장하기 위해 [파일]-[다른 이름으로 저장] 대화상자에서 '저장위치'를 [내문서] 폴더로 지정하고 '파일 이름'을 실전02-1(완성)으로 입력한다.
③ '형식'에서 저장 방식을 Photoshop형태로 지정한 후 [저장]을 클릭한다.
④ [파일]-[열기]([Ctrl]+[O])를 선택하고 '실전02-1(원본)'을 불러온다.

**2. 이미지 복제 및 변형**
① 이동 도구를 클릭한 후 '실전02-1(원본).jpg' 창의 이미지를 드래그하여 작업 창으로 이동한다.
② 복제 도장 도구를 클릭하고 왼쪽 창문을 지웁니다. 이 때 원본 이미지의 벽면에서 [Alt]+클릭하고 복제할 위치에서 드래그한다.
③ 복제할 원본인 파란 장미를 자동 선택 도구를 클릭하여 선택 영역으로 설정한다.
④ [Ctrl]+[J]를 눌러 이미지 2개를 복사하고 [Ctrl]+[T]를 눌러 크기와 위치를 조절하고 [Enter↵]를 누른다.

**3. 나뭇잎 모양 만들기**
① 도구 박스에서 사용자 정의 모양 도구를 클릭한 후 옵션 바에서 '옵션모드'를 모양 레이어, '모양'은 헤데라2, '색상'은 #99cc33으로 선택하고 드래그하여 이미지를 그린다.

② 레이어 팔레트에서 '불투명도'를 70%로 설정한다.
③ Ctrl+T를 눌러 크기와 위치를 조절한다.

### 4. 문자 작업
① 수평 문자 도구를 클릭하고 옵션 바에서 '글꼴'은 바탕, '글꼴 크기'는 120pt, '색상'은 #ff0066으로 설정한다. 글자를 입력할 위치를 마우스로 클릭한 후 "봄"을 입력한다.
② 수평 문자 도구를 클릭하고 옵션 바에서 '글꼴'은 바탕, '글꼴 크기'는 38pt, '색상'은 #990066으로 설정한다. 글자를 입력할 위치를 마우스로 클릭한 후 "나들이.."를 입력한다.
③ 수평 문자 도구를 클릭하고 옵션 바에서 '글꼴'은 바탕, '글꼴 크기'는 15pt, '색상'은 #330033으로 설정한다. 글자를 입력할 위치를 마우스로 클릭한 후 "옷깃속으로 Enter↵ 봄바람이 들어옵니다."를 입력한다.

### 5. 파일 저장
① [파일]-[저장](Ctrl+S)를 눌러 파일을 저장한다.
② JPG 파일로 저장하기 위해 [파일]-[다른 이름으로 저장](Shift+Ctrl+S)을 선택하여 [다른 이름으로 저장] 대화상자를 표시한다.
③ '저장 위치'를 [내문서] 폴더로 지정한다.
④ '형식'에서 저장 방식을 JPEG(*.JPG;*.JPEG;*.JPE)로 지정한다.
⑤ '파일 이름'을 실전02-1(완성)으로 입력한다.

# 3. 포토샵을 활용한 이미지 만들기 응용(3)

| 조 건 | | | 결 과 화 면 |
|---|---|---|---|
| 원본 이미지 | 실전03－1(원본).jpg | | |
| 파일저 장규칙 | PSD JPG | 파일명 | 실전03－1(완성).psd 실전03－1(완성).jpg |
| | | 크기 | 400×260 pixels |

**1. 그림효과**
① 복제: 조개, 진주
② 모양 도구 사용: 도넛 모양(#00ccff)

**2. 문자효과**
① 환상의 바다(돋움, 28pt, #0099ff)
② 스노쿨링 천국(돋움, 24pt, #0099ff), 레이어
스타일－그림자 효과

&lt;출처: 한국생산성본부&gt;

## 작 업 과 정

**〈작업과정 요약〉**
1. 새 이미지 작업창 만들기와 저장 → 2. 이미지 복제 및 변형 → 3. 도넛 모양 만들기 → 4. 문자 작업 → 5. 파일 저장

**〈작업과정 상세〉**
**1. 새 이미지 작업창 만들기와 저장**
① 새 이미지 작업창 만들기 위해 [파일]－[새로 만들기]([Ctrl]+[N])를 선택하고, [새로 만들기] 대화 상자가 표시되면 '폭'은 400픽셀, '높이'는 260픽셀, '해상도'는 72픽셀/인치, '색상모드'는 RGB칼라모드, 8bit로 설정하고 [확인]을 클릭한다.
② 파일을 저장하기 위해 [파일]－[다른 이름으로 저장] 대화상자에서 '저장위치'를 [내문서] 폴더로 지정하고 '파일 이름'을 실전03－1(완성)으로 입력한다.
③ '형식'에서 저장 방식을 Photoshop형태로 지정한 후 [저장]을 클릭한다.
④ [파일]－[열기]([Ctrl]+[O])를 선택하고 '실전03－1(원본)'을 불러온다.

**2. 이미지 복제 및 변형**
① 이동 도구를 클릭한 후 '실전03－1(원본).jpg' 창의 이미지를 드래그하여 작업 창으로 이동한다.
② 복제 도장 도구를 클릭하고 옵션 바에서 '브러쉬'는 20픽셀 부드러운 원으로 설정한다.
③ 복제할 원본인 조개 이미지에서 [Alt]+ 클릭하여 복제 위치에서 드래그한다.
④ 나머지 진주 이미지도 같은 방법으로 복제한다.

**3. 도넛 모양 만들기**
① 도구 박스에서 사용자 정의 모양 도구를 클릭한 후 옵션 바에서 '옵션모드'를 모양 레이어, '모양' 은 원 프레임, '색상'은 #00ccff으로 선택하고 드래그하여 이미지를 그린다.
② [Ctrl]+[T]를 눌러 크기와 위치를 조절한다.

### 4. 문자 작업

① 수평 문자 도구를 클릭하고 옵션 바에서 '글꼴'은 돋움, '글꼴 크기'는 28pt, '색상'은 #0099ff로 설정한다. 글자를 입력할 위치를 마우스로 클릭한 후 "환상의 바다"를 입력한다.
② 수평 문자 도구를 클릭하고 옵션 바에서 '글꼴'은 돋움, '글꼴 크기'는 24pt, '색상'은 #0099ff로 설정한다. 글자를 입력할 위치를 마우스로 클릭한 후 "스노쿨링 천국"을 입력한다.
③ 레이어 스타일 추가의 [그림자 효과]를 선택한 후 [확인]을 클릭한다.

### 5. 파일 저장

① [파일]-[저장]([Ctrl]+[S])를 눌러 파일을 저장한다.
② JPG 파일로 저장하기 위해 [파일]-[다른 이름으로 저장]([Shift]+[Ctrl]+[S])을 선택하여 [다른 이름으로 저장] 대화상자를 표시한다.
③ '저장 위치'를 [내문서] 폴더로 지정한다.
④ '형식'에서 저장 방식을 JPEG(*.JPG;*.JPEG;*.JPE)로 지정한다.
⑤ '파일 이름'을 실전03-1(완성)으로 입력한다.

# 4. 포토샵을 활용한 이미지 만들기 응용(4)

| 조 건 | | | | 결 과 화 면 |
|---|---|---|---|---|
| 원본<br>이미지 | 실전04-1(원본).jpg,<br>실전04-2(원본).jpg | | |  |
| 파일저<br>장규칙 | PSD<br>JPG | 파일명 | 실전04-1(완성).psd<br>실전04-1(완성).jpg | |
| | | 크기 | 400×500 pixels | |

**1. 그림효과**
① 색상 보정: 색 - 초록색 계열로 보정
② 액자 제작: 필터 - 패치워크(#0066cc), 안쪽
테두리(7px, #003366)

**2. 문자효과**
① 더 높이, 더 멀리~(궁서, 32pt, #ffff00), 레
이어 스타일 - 외부광선

&lt;출처: 한국생산성본부&gt;

## 작 업 과 정

**〈작업과정 요약〉**
1. 새 이미지 작업창 만들기와 저장 → 2. 액자와 필터 → 3. 색상 보정과 이미지 편집 → 4. 문자 작
업 → 5. 파일 저장

**〈작업과정 상세〉**
**1. 새 이미지 작업창 만들기와 저장**
① 새 이미지 작업창 만들기 위해[파일]-[새로 만들기]([Ctrl]+[N])를 선택하고 [새로 만들기] 대화상
자가 표시되면 '폭'은 400픽셀, '높이'는 500픽셀로 설정하고 [확인]을 클릭한다.
② 파일을 저장하기 위해 [파일]-[다른 이름으로 자장] 대화상자에서 '저장 위치'를 [내문서] 폴더로
지정한 후 '파일 이름'을 실전04-1(완성)로 입력한다.
③ '형식'에서 저장 방식을 Photoshop(*.PSD;*.PDD) 형태로 지정하고 [저장]을 클릭한다.
④ [파일]-[열기]([Ctrl]+[O])를 선택하고 '실전04-1(원본).jpg', '실전04-2(원본).jpg'를 불러온다.

**2. 액자와 필터**
① 도구 박스에서 이동 도구를 클릭하고 '실전04-1(원본).jpg'를 작업 창으로 이동한다. 레이어의 이
름을 "어촌"으로 바꾼다.
② 도구 박스에서 사각형 선택 도구를 클릭하고 선택 영역을 설정한다. [Shift]+[Ctrl]+[I]를 눌러 선택
영역을 반전시킨다.
③ 레이어 팔레트의 새 레이어 만들기를 클릭하여 새 레이어를 추가하고 레이어의 이름을 "액자"로
바꾼다. '전경색'을 #0066cc로 설정하고 [Alt]+[del]를 눌러 전경색으로 칠한다.
④ [필터]-[텍스처]-[패치워크]를 선택하여 필터를 적용한다.
⑤ [Shift]+[Ctrl]+[I]를 눌러 선택 영역을 반전시킨다.
⑥ [편집]-[선]을 선택하고 대화상자에서 '폭'은 7px, '색상'은 #003366으로 설정하고 [확인]을 클릭한다.
⑦ [Ctrl]+[D]를 눌러 선택 영역을 해제한다.

**3. 색상 보정과 이미지 편집**

① 도구 박스에서 자동 선택 도구를 클릭하여 '실전04−2(원본).jpg'의 배경 이미지를 선택 영역으로 설정한다. Shift + Ctrl + I 를 눌러 선택 영역을 반전시킨다.

② 이동 도구를 클릭하여 이미지를 작업 창으로 이동한다. Ctrl + T 를 눌러 회전시키고 크기와 위치를 조절하고 Enter↵ 를 누른다.

③ [이미지]−[조정]−[채도감소]를 선택하여 흑백 이미지로 바꾼다.

④ [이미지]−[조정]−[색상 균형]을 선택한다. [색상 균형] 대화상자에서 초록색 계열로 설정하고 [확인]을 클릭한다.

⑤ 도구 박스에서 이동 도구를 클릭하고 Alt + 드래그하여 새 이미지를 복사한다. Ctrl + T 를 눌러 회전시키고 위치와 크기를 조절하고 Enter↵ 를 누른다.

**4. 문자 작업**

① 도구 박스에서 수평 문자 도구를 클릭하고 옵션 바에서 '글꼴'은 궁서, '글꼴 크기'는 32pt, '색상'은 #ffff00으로 설정한다.

② 글자를 입력할 위치를 마우스로 클릭한 후 "더 높이, 더 멀리~"를 입력한다.

③ 레이어 스타일 추가의 [외부 광선]을 선택하고 [확인]을 클릭한다.

**5. 파일 저장**

① [파일]−[저장](Ctrl + S)를 눌러 파일을 저장한다.

② JPG 파일로 저장하기 위해 [파일]−[다른 이름으로 저장](Shift + Ctrl + S)을 선택하여 [다른 이름으로 저장] 대화상자를 표시한다.

③ '저장 위치'를 [내문서] 폴더로 지정한다.

④ '형식'에서 저장 방식을 JPEG(*.JPG;*.JPEG;*.JPE)로 지정한다.

⑤ '파일 이름'을 실전04−1(완성)으로 입력한다.

# 5. 포토샵을 활용한 이미지 만들기 응용(5)

| 조 건 | | | 결 과 화 면 |
|---|---|---|---|
| 원본 이미지 | 실전05 – 1(원본).jpg, 실전05 – 2(원본).jpg 실전05 – 3(원본).jpg | |  |
| 파일저 장규칙 | PSD JPG | 파일명 | 실전05 – 1(완성).psd 실전05 – 1(완성).jpg |
| | | 크기 | 550×330 pixels |

**1. 그림효과**
① 색상 보정: 실전05 – 3(원본).jpg의 배경을 보라색 계열로 보정
② 액자 제작: #999999, 필터 – 텍스처와, 안쪽 테두리(10px, #000000)

**2. 문자효과**
① 여름(바탕, 36pt, #ffffff), 향기...(바탕, 36pt, #000033)
② 아침창에 걸린(바탕, 17pt, #000033)
③ 고운 햇살처럼 스며들죠(바탕, 14pt, #996600)

<출처: 한국생산성본부>

## 작 업 과 정

〈작업과정 요약〉
1. 새 이미지 작업창 만들기와 저장 → 2. 이미지 이동 → 3. 색상 보정 → 4. 액자 제작 → 5. 문자 작업 → 6. 파일 저장

〈작업과정 상세〉
**1. 새 이미지 작업창 만들기와 저장**
① 새 이미지 작업창 만들기 위해[파일] – [새로 만들기]([Ctrl]+[N])를 선택하고 [새로 만들기] 대화상자가 표시되면 '폭'은 550픽셀, '높이'는 330픽셀로 설정하고 [확인]을 클릭한다.
② 파일을 저장하기 위해 [파일] – [다른 이름으로 저장] 대화상자에서 '저장 위치'를 [내문서] 폴더로 지정한 후 '파일 이름'을 실전05 – 1(완성)로 입력한다.
③ '형식'에서 저장 방식을 Photoshop(*.PSD;*.PDD) 형태로 지정하고 [저장]을 클릭한다.
④ [파일] – [열기]([Ctrl]+[O])를 선택하고 '실전05 – 1(원본).jpg', '실전05 – 2(원본).jpg', '실전05 – 3(원본).jpg'를 불러온다.

**2. 이미지 이동**
① 이동 도구를 클릭한 후 '실전05 – 2(원본).jpg'를 작업 창으로 이동한다. [Ctrl]+[T]를 눌러 크기와 위치를 조절하고 [Enter↵]를 누른다.
② 이동 도구를 클릭한 후 '실전05 – 1(원본).jpg'를 작업 창으로 이동한다.
③ '실전05 – 3(원본).jpg'의 이미지에서 이동할 부분을 사각형 선택 도구를 클릭하여 선택 영역으로 설정한다.
④ 이동 도구를 클릭하여 선택 영역을 작업 창으로 이동한다.

〈작업과정 요약〉
1. 새 이미지 작업창 만들기와 저장 → 2. 이미지 이동 → 3. 색상 보정 → 4. 액자 제작 → 5. 문자 작업 → 6. 파일 저장

〈작업과정 상세〉

## 1. 새 이미지 작업창 만들기와 저장
① 새 이미지 작업창 만들기 위해[파일]-[새로 만들기](Ctrl+N)를 선택하고 [새로 만들기] 대화상자가 표시되면 '폭'은 550픽셀, '높이'는 330픽셀로 설정하고 [확인]을 클릭한다.
② 파일을 저장하기 위해 [파일]-[다른 이름으로 자장] 대화상자에서 '저장 위치'를 [내문서] 폴더로 지정한 후 '파일 이름'을 실전05-1(완성)로 입력한다.
③ '형식'에서 저장 방식을 Photoshop(*.PSD;*.PDD) 형태로 지정하고 [저장]을 클릭한다.
④ [파일]-[열기](Ctrl+O)를 선택하고 '실전05-1(원본).jpg', '실전05-2(원본).jpg', '실선05-3(원본).jpg'를 불러온다.

## 2. 이미지 이동
① 이동 도구를 클릭한 후 '실전05-2(원본).jpg'를 작업 창으로 이동한다. Ctrl+T를 눌러 크기와 위치를 조절하고 Enter↵를 누른다.
② 이동 도구를 클릭한 후 '실전05-1(원본).jpg'를 작업 창으로 이동한다.
③ '실전05-3(원본).jpg'의 이미지에서 이동할 부분을 사각형 선택 도구를 클릭하여 선택 영역으로 설정한다.
④ 이동 도구를 클릭하여 선택 영역을 작업 창으로 이동한다.

## 3. 색상 보정
① [이미지]-[조정]-[채도감소]를 선택하여 흑백 이미지로 바꾼다.
② [이미지]-[조정]-[색상 균형]을 선택하고 [색상 균형] 대화상자에서 보라색 계열로 설정하고 [확인]을 클릭한다.

## 4. 액자 제작
① 도구 박스에서 사각형 선택 도구를 클릭하여 선택 영역을 설정한다. Shift+Ctrl+I를 눌러 선택 영역을 반전시킨다.
② 새 레이어 만들기를 클릭하여 새 레이어를 추가하고 레이어의 이름을 "액자"로 바꾼다. '전경색'을 #999999로 설정하고 Alt+Jele를 눌러 전경색으로 칠한다.
③ [필터]-[텍스처]-[텍스처화]를 선택하여 필터를 적용한다. Ctrl+D를 눌러 선택 영역을 해제한다.
④ [액자] 레이어를 선택하고 새 레이어 만들기를 클릭한다. 사각형 선택 도구를 클릭하여 사각형 영역을 선택 영역으로 설정하고 [편집]-[선]을 선택하고 대화상자에서 '폭'은 10px, '색상'은 #000000으로 설정하고 [확인]을 클릭한다. Ctrl+D를 눌러 선택 영역을 해제한다.
⑤ ④번과 같은 과정을 3번 더 반복하여 모든 선을 완성한다.

## 5. 문자 작업
① 수평 문자 도구를 클릭하고 옵션 바에서 '글꼴'은 바탕, '글꼴 크기'는 36pt, '색상'은 #ffffff으로 설정한다. 글자를 입력할 위치를 마우스로 클릭한 후 "여름 향기..."를 입력한다.
② '향기...' 문자만 블록 설정하여 '색상'을 #000033으로 설정한다.
③ 세로 문자 도구를 클릭하고 옵션 바에서 '글꼴'은 바탕, '글꼴 크기'는 17pt, '색상'은 #000033으로 설정하고 "아침 창에 걸린"을 입력한다.
④ 수평 문자 도구를 클릭하고 옵션 바에서 '글꼴'은 바탕, '글꼴 크기'는 14pt, '색상'은 #996600으로 설정하고 "고운 햇살처럼 스며들죠"를 입력한다.

## 6. 파일 저장
① [파일]-[저장](Ctrl+S)를 눌러 파일을 저장한다.
② JPG 파일로 저장하기 위해 [파일]-[다른 이름으로 저장](Shift+Ctrl+S)을 선택하여 [다른 이름으로 저장] 대화상자를 표시한다.
③ '저장 위치'를 [내문서] 폴더로 지정한다.
④ '형식'에서 저장 방식을 JPEG(*.JPG;*.JPEG;*.JPE)로 지정한다.
⑤ '파일 이름'을 실전05-1(완성)으로 입력한다.

# 6. 포토샵을 활용한 이미지 만들기 응용(6)

| 조 건 | | | 결 과 화 면 |
|---|---|---|---|
| 원본 이미지 | | 실전06 – 1(원본).jpg, 실전06 – 2(원본).jpg | |
| 파일저 장규칙 | PSD JPG | 파일명 | 실전06 – 1(완성).psd 실전06 – 1(완성).jpg |
| | | 크기 | 500 × 330 pixels |

<출처: 한국생산성본부>

**1. 그림효과**
① 색상 보정: 윈드서핑보드 – 분홍색 계열로 보정
② 액자 제작: #663333, 필터 – 텍스처화, 안쪽 테두리 – 3px, #ffcc00

**2. 문자효과**
① 남태평양 파도타기(돋움, 24pt, #ffffff)

## 작 업 과 정

〈작업과정 요약〉
1. 새 이미지 작업창 만들기와 저장 → 2. 이미지 이동과 액자 제작 → 3. 색상 보정 → 4. 문자 작업 → 5. 파일 저장

〈작업과정 상세〉
**1. 새 이미지 작업창 만들기와 저장**
① 새 이미지 작업창 만들기 위해[파일]–[새로 만들기]([Ctrl]+[N])를 선택하고 [새로 만들기] 대화상자가 표시되면 '폭'은 500픽셀, '높이'는 330픽셀로 설정하고 [확인]을 클릭한다.
② 파일을 저장하기 위해 [파일]–[다른 이름으로 자장] 대화상자에서 '저장 위치'를 [내문서] 폴더로 지정한 후 '파일 이름'을 실전06–1(완성)로 입력한다.
③ '형식'에서 저장 방식을 Photoshop(*.PSD;*.PDD) 형태로 지정하고 [저장]을 클릭한다.
④ [파일]–[열기]([Ctrl]+[O])를 선택하고 '실전06–1(원본).jpg', '실전06–2(원본).jpg'를 불러온다.

**2. 이미지 이동과 액자 제작**
① 이동 도구를 클릭하고 '실전06–1(원본).jpg'를 작업 창으로 이동한다.
② 사각형 선택 도구를 클릭하고 선택 영역을 설정한다. [Shift]+[Ctrl]+[I]를 눌러 선택 영역을 반전시킨다.
③ 새 레이어 만들기를 클릭하여 새 레이어를 추가하고 레이어의 이름을 "액자"로 바꾼다. '전경색'을 #663333으로 설정하고 [Alt]+[Delete]를 눌러 전경색으로 칠한다.
④ [필터]–[텍스처]–[텍스처화]를 선택하여 필터를 적용한다.
⑤ [Shift]+[Ctrl]+[I]를 눌러 선택 영역을 반전시킨다. [편집]–[선]을 선택하고 대화상자에서 '폭'은 3px, '색상'은 #ffcc00으로 설정하고 [확인]을 클릭한다.

**3. 색상 보정**
① 도구 박스에서 자동 선택 도구를 클릭하여 '실전06–2(원본).jpg'의 배경 이미지를 선택 영역으로 설정하고 [Shift]+[Ctrl]+[I]를 눌러 선택 영역을 반전시킨다.

② 이동 도구를 클릭하여 작업 창으로 이동하고 Ctrl+T를 눌러 크기와 위치를 조절하고 Enter↵를 누른다. Alt+드래그하여 이미지를 하나 더 복사하고 Ctrl+T를 눌러 회전시키고 크기와 위치를 조절한다. 레이어 팔레트에서 'Layer 2'와 'Layer 2 copy'의 위치를 바꾼다.
③ 자동 선택 도구를 클릭하여 보드의 색상 보정할 부분을 선택 영역으로 설정한다.
④ [이미지]−[조정]−[색조/채도]를 선택하여 분홍색 계열로 색상을 보정한 후 Ctrl+D를 눌러 선택 영역을 해제한다.

### 4. 문자 작업
① 수평 문자 도구를 클릭하고 옵션 바에서 '글꼴'은 돋움, '글꼴 크기'는 24pt, '색상'은 #ffffff로 설정한 후 "남태평양 파도타기"를 입력한다.
② 수평 문자 도구를 클릭하고 옵션 바에서 텍스트 변형 만들기를 클릭하고 [텍스트 변형] 대화상자에서 '스타일'을 깃발, '구부리기'를 −50%로 설정한 후 [확인]을 클릭한다.

### 5. 파일 저장
① [파일]−[저장](Ctrl+S)를 눌러 파일을 저장한다.
② JPG 파일로 저장하기 위해 [파일]−[다른 이름으로 저장](Shift+Ctrl+S)을 선택하여 [다른 이름으로 저장] 대화상자를 표시한다.
③ '저장 위치'를 [내문서] 폴더로 지정한다.
④ '형식'에서 저장 방식을 JPEG(*.JPG;*.JPEG;*.JPE)로 지정한다.
⑤ '파일 이름'을 실전06−1(완성)으로 입력한다.

---

**참고** 유튜브에 등록되어 있는 포토샵 강좌 안내

포토샵을 처음 공부하는 경우에는 본 저서를 활용하면서 동시에 유튜브에 등록되어 있는 아래의 포토샵 강좌들을 수강하는 것도 좋은 방법이 될 수 있다.

① IB96 채널(www.youtube.com/@IB9696)

② 롤스토리디자인연구소(www.youtube.com/@rollstor)

③ 에우세비오(www.youtube.com/@user−ou2vl9wl6q)

PART

4

# HTML의 활용과 실무

# HTML의 이해 및 기초

## 1. HTML의 개념 및 종류

HTML은 Hyper Text Markup Language의 약어이며, 하이퍼텍스트 (hypertext) 문서를 만들기 위한 언어이다. 하이퍼텍스트는 윈도우즈에서의 도움말 형식과 같은 문서를 의미한다. 즉, 윈도우즈의 도움말을 보면 색깔이 다른 단어를 클릭하면 그 단어에 대한 설명으로 바로 연결이 되는데, 이런 식으로 동적으로 연결되어 있는(link되어 있다고 함) 문서를 HTML 문서라고 한다. 일반적으로 HTML 문서는 '.html' 혹은 '.htm'의 확장자를 갖는다.

한편, HTML은 버전에 따라 문법과 기능이 조금씩 다른데, 1990년 이후에 만들어진 것들을 살펴보면 다음과 같다(rescue_team_119, 2023. 4. 18.).

① HTML 4.01: HTML 4.01은 1999년에 나온 HTML의 버전이다.

② XHTML: XHTML은 HTML 4.01의 확장으로 XML을 기반으로 만들어졌다.

③ HTML5: HTML5는 2014년에 나온 버전으로 현재 가장 많이 사용되는 HTML 버전이다.

④ HTML Living Standard: HTML Living Standard는 HTML5를 토대로 만들어진 버전으로 현재 계속해서 발전하고 있다.

## 2. HTML을 배워야 하는 이유

### (1) 온라인에서 홍보와 광고

온라인에서 홍보와 광고를 효과적으로 진행하기 위해 반드시 HTML을 활용해야 한다. 어떤 종류의 창업을 하는가에 상관없이 온라인 (on-line) 및 오프라인(off-line)에서 홍보와 광고를 적극적으로 진행하는 것이 필요하며, 스마트폰 가입자의 폭발적인 증가로 인해 온라인 (on-line)에서의 홍보와 광고가 더욱 중요하게 될 것이다.

### (2) 새로운 수익모델(Business Model)의 개발

새로운 수익모델(Business Model)의 개발을 위해서도 HTML은 필수적으로 활용될 수 있다. 예를 들어, 음식점을 예약하고 좌석까지 지정할 수 있는 서비스를 제공하려고 할 때에 HTML의 사용은 꼭 필요하다.

수익모델은 비즈니스모델(business mode)이라도 하는데, 어떤 제품이나 서비스를 어떻게 소비자에게 제공하고, 어떻게 마케팅하며, 어떻게 돈을 벌 것인가 하는 계획 또는 사업 아이디어(네이버 지식백과, terms.naver.com)라고 할 수 있다. 또한 새로운 수익모델은 기업 내에서 개발할 수도 있고 다른 기업과의 제휴 혹은 연계를 통하여 개발할 수도 있는데, 다른 기업과의 연계를 활용한 수익모델을 개발하기 위해서는 HTML의 사용은 필수적이라고 할 수 있다.

### (3) 제휴와 협력을 통한 매출 증대

제휴와 협력을 통한 매출 증대를 위해서도 HTML의 활용이 중요하다. 예를 들어, 다음(Daum)과 네이버(Naver)에서는 수많은 기업들과의 제휴와 협력을 통해서 매출을 올리고 있는 실정이며, 이를 위해서는 HTML의 활용은 반드시 필요하다.

## 3. HTML 문서의 작성방법

### (1) 보통의 문서 편집기를 이용

컴퓨터의 보조프로그램 내에 있는 메모장을 이용하여 HTML 문서 (.html)를 만들어 저장을 한 후에 크롬(Chrome) 혹은 Windows Internet Explorer에서 파일을 열어서 확인할 수 있다.

### (2) HTML 전용 편집기를 이용

HTML 편집기는 인터넷 웹페이지를 작성하기 위한 편집 도구이며, 프로그래밍 언어와 유사한 특징을 가지고 있다. HTML 편집기로는 에디터플러스(EditPlus), 마이크로소프트의 프론트페이지(FrontPage), 나모 웹에디터, 어도비 드림위버(Dreamweaver) 등이 있으며, 이는 태그를 통해 편집한 후 미리보기 기능도 가지고 있다(위키백과, 2013년 6월). HTML 편집기들은 네이버 소프트웨어(software.naver.com)에서 검색한 후에 다운 받아서 사용하면 되는데, 초보창업자들에게는 에디터플러스 (EditPlus)가 사용하기에 편리하다([그림 4-1] 참조).

그림 4-1 에디터플러스(EditPlus)

### (3) 작성된 문서를 HTML 문서로 변환하기

먼저 이를 위해서는 해당 문서 파일을 변환하는 소프트웨어가 필요한데, HWP, MS-WORD, 파워포인트(powerpoint) 등에는 변환기능이 있다. 가장 편리하게 사용할 수 있는 방법은 HWP에서 문서를 만든 후에 [다른 이름으로 저장하기]를 선택하여 [파일형식]을 인터넷 문서 (*.htm, *.html)로 저장하면 된다.

### (4) 카페(cafe) 및 블로그(blog)에서 [글쓰기]를 이용

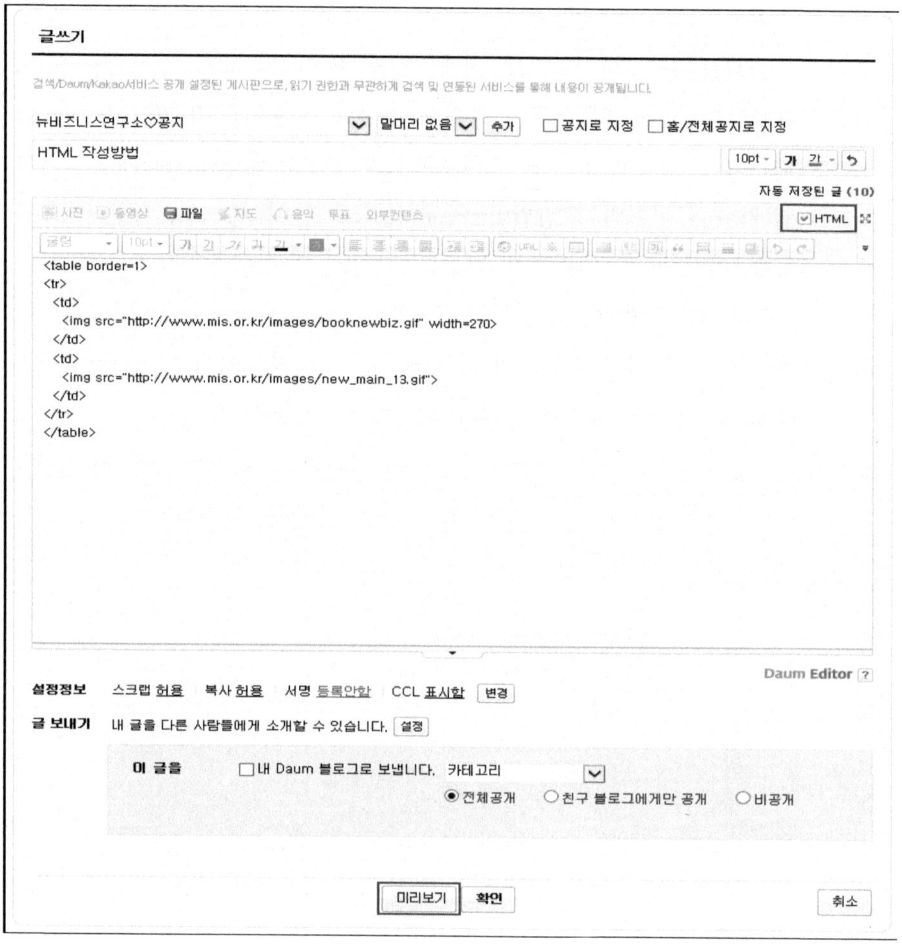

그림 4-2  카페(cafe)에서 HTML 문서의 작성

[그림 4-2]에서와 같이, 다음(Daum) 혹은 네이버(Naver)의 카페 (cafe) 혹은 블로그(blog)에서 [글쓰기]를 클릭하고 HTML을 체크(☒)한 후에 HTML 명령어를 입력하고, [미리보기]를 클릭하여 실행결과를 확인하면 된다. HTML을 처음으로 공부하는 사람들에게 가장 편리한 실습 방법이라고 할 수 있다.

## 4. HTML 문서를 작성할 때의 유의사항

HTML 문서를 작성할 때에 유의해야 할 사항은 아래와 같이 두 가지의 측면에서 생각할 수 있다.

### (1) HTML 명령어를 사용할 때에 사전에 알아야 하는 사항

① HTML 명령어는 대문자와 소문자를 모두 사용할 수 있으며, 본 저서에서도 대문자 혹은 소문자를 모두 사용할 수 있다는 것을 보여주고 있다.

② HTML 문서의 파일명은 한글보다는 영어 소문자로 하는 것이 좋다.

③ HTML 명령어를 사용할 때에는 띄어쓰기에 유의해야 한다.

### (2) 에디터플러스(EditPlus)를 활용하여 HTML 문서를 작성하는 방법

[그림 4-1]의 에디터플러스(EditPlus)를 사용하여 HTML 문서를 작성하는 방법 및 유의사항은 다음과 같다.

① [파일]-[새 파일]-[보통문서(N)] 혹은 [HTML 페이지]를 선택한다.

② 오른쪽의 편집 공간에 HTML 명령어를 활용하여 HTML 문서를 만들 수도 있고, HWP로 HTML 문서를 만든 후에 에디터플러스

(EditPlus)에 복사할 수도 있다.

③ [보기]−[브라우저로 보기(B)]−[브라우저 1(B)]를 클릭하면, HTML 문서의 실행결과를 볼 수 있다. [그림 4−1]에서와 같이 [브라우저 1로 보기]를 클릭해도 된다(단축키: Ctrl+B).

④ 실행된 HTML 문서의 결과에 오류가 있으면 소스 편집(Ctrl+Shift+E)에서 수정 후 다시 실행하면 된다.

**참고** 위에서 언급을 하였듯이 HTML 문서뿐만 아니라 포토샵으로 만든 이미지들을 저장할 때에는 반드시 영어 소문자를 사용하는 것이 중요하다. 아직도 HTML 및 포토샵 파일명을 한글로 사용하는 예비창업자들이 있는데, 반드시 파일명은 영어 소문자로 사용하는 습관을 갖는 것이 중요하다.

## 5. HTML 태그의 이해

### (1) HTML의 태그(tag)

태그(tag)는 HTML 문서의 모양과 행동 양식을 정해주는 하나의 명령어로서, HTML 문서를 읽는 웹브라우저(browser)에게 화면에 나타나는 방식을 설명해 준다. 태그에는 시작 태그(start tag, <>)와 마지막 태그(end tag, </>)가 있으며, 일반적으로 태그의 형식은 다음과 같이 3가지로 분류할 수 있다.

① <태그> 문장 </태그>: <H1>문자 연습</H1>

② <태그 속성 = 인자> 문장 </태그>:

  <A HREF="test.html"> 여기를 누르면 test.html로 이동합니다.</A>

③ <태그>: <BR>, <P>

## (2) 태그의 속성

HTML 태그 중에는 속성을 설정할 수 있는 것이 있으며, 속성은 태그가 실제로 문서를 표현할 때 필요한 여러 가지 환경을 설정하게 된다. 예를 들어, <IMG SRC="tree.gif">는 이미지를 현재의 HTML 문서에 삽입하는데, 그 이미지의 이름은 "tree.gif"라는 것이다. 여기에서 IMG는 image의 약어이며, SRC는 source를 의미한다. 즉, <img src=" ">  태그 안에 삽입하고자 하는 이미지의 파일 이름을 삽입하면, 웹상에서 그 이미지를 보여주는 명령이다. 예를 들어, 상품이미지가 tinypic(tinypic.com) 등과 같은 다양한 이미지 호스팅 사이트에 등록되어 있는 경우에는 사이트의 이름, 폴더 및 파일 이름까지를 구체적으로 삽입해야 한다.

## (3) 대소문자 구별이 없는 태그

HTML 태그 글자는 대소문자가 구별되지 않는데, 관례상 소문자로 사용하는 것이 좋다. 물론, 대소문자를 혼용하여 사용해도 아무런 문제가 없지만, 소문자로 사용하는 것이 수정 및 관리를 위해서도 편리하다. 본 저서에서는 HTML 태그를 대문자 혹은 소문자로 혼용하였으며, 실행결과에는 아무런 영향이 없다는 것을 보여주고 있다.

## (4) HTML은 구조적인 언어

HTML은 웹페이지의 내용과 구조를 설명하는 구조적 언어(structured language, 절차적 언어)이기 때문에(에이콘아카데미, 2023.9.18.), HTML 태그가 들어갈 수 있는 곳이 있고 들어갈 수 없는 곳이 있다.

## (5) 공백 문자 무시

문서에 들어간 모든 공백문자(추가로 입력된 스페이스 문자, 탭(tab), 리턴 문자) 등은 무시된다. 즉, HTML의 실행 결과에 아무런 영향을 미치지 않는다.

## 6. HTML 문서의 전체적인 구조

HTML 문서는 다음과 같이 세 부분으로 구성되는데, 타이틀(title) 및 헤더(header) 부분은 생략되어도 HTML 명령어의 실행에는 아무런 상관이 없다.

① 타이틀(title) 부분: 문서의 제목을 나타낸다.

② 헤더(header) 부분: 문서에 관한 여러 정보를 나타낸다.

③ 몸체(body) 부분: HTML 문서의 본문을 나타낸다.

```
[예]
<HTML>
  <HEAD>
    <TITLE>  문서의 제목  </TITLE>
  </HEAD>
  <BODY>
    본문의 내용
  </BODY>
</HTML>
```

### (1) HTML

<HTML> 태그는 HTML 문서의 처음과 끝을 나타내며, HTML 문서에 들어갈 모든 문자와 태그는 <HTML>과 </HTML>안에 들어가야 한다.

### (2) HEAD

<HEAD> 태그는 문서에 관한 일반 정보들을 포함하고 있는 일종의 머리말로서, 실제 웹브라우저(browser) 화면에는 나타나지 않는다.

### (3) TITLE

<TITLE> 태그는 HTML 문서의 제목을 정하고자 할 때 사용하는 것으로, <HEAD> 태그 안에 오직 한 번만 들어갈 수 있다. <TITLE> 에 들어가는 문서의 제목은 각 웹브라우저의 윈도우 상단에 나타나게 되는데, 생략해도 된다.

### (4) BODY

<BODY> 태그는 HTML 문서의 실제적인 내용이 들어가는 곳으로, 웹브라우저 화면에 곧바로 나타나게 된다. 하지만, 6장에서 설명하는 프레임 기능이 들어간 문서는 <BODY> 태그가 없다. 즉, Frame 문서에는 <BODY> 태그를 사용하지 않으며, 대신 <FRAMESET> 을 사용한다.

**참고** Windows Internet Explorer에서 HTML 문서 실행하는 방법: 파일(F) – 열기 (O) 메뉴(혹은 Ctrl + O)를 선택하여 화면에 나타난 파일 선택 대화 상자에 서 HTML 문서를 찾은 후 확인 버튼을 클릭하면 된다([그림 4 – 3]을 참조).

그림 4–3  HTML 문서의 실행

# 2

# HTML 문서의
# 모양 만들기

## 1. HTML 문서의 구성

본 장에서는 HTML 문서를 구성하는데 있어 자주 사용하는 태그 (tag)들을 설명할 것이다. HTML 문서의 단락은 P(paragraph) 태그로 지정할 수 있고, 단락의 제목은 Hn(heading) 태그로 지정할 수 있다. 그 외에 단락과 단락 사이를 나누는 BR(line break) 태그와 단락과 단락 사이에 수평선을 그리는 HR(horizontal rule) 태그 등이 있다.

### (1) Hn(제목 글자 태그)

<Hn> 태그는 문서의 제목을 위해 사용되는 것으로, 1에서 6까지 총 6가지 종류가 있다. H1에서 가장 큰 글자를 만들어내고, H6에서 가장 작은 글자를 만들어 낸다.

| 소 스 | 결 과 화 면 |
|---|---|
| <BODY><br><H1> 행복하세요. </H1><br><H2> 행복하세요. </H2><br><H3> 행복하세요. </H3><br><H4> 행복하세요. </H4><br><H5> 행복하세요. </H5><br><H6> 행복하세요. </H6><br></BODY> | 행복하세요.<br>행복하세요.<br>행복하세요.<br>행복하세요.<br>행 복 하 세 요.<br>행복하세요. |

## (2) P(단락 태그)

<P> 태그는 단락이 시작하는 곳이나 단락이 끝나는 곳에 넣어서 단락을 구분하는 역할을 한다. <P> 태그를 단락이 시작하는 곳에 넣은 경우에는 단락의 앞에 빈 줄이 생기게 되고, 단락이 끝나는 곳에 넣는 경우에는 단락의 끝 부분에 빈 줄이 생기게 된다. </P>를 사용하지 않아도 상관없으며, <BR> 태그를 두 번 사용하면 한 번의 <P> 태그와 동일한 효과가 발생한다.

| 소 스 | 결 과 화 면 |
|---|---|
| <BODY><br><H1> This is a heading </H1><br><P> 첫번째 단락입니다.<br><P> 두번째 단락입니다.<br></BODY> | **This is a heading**<br><br>첫번째 단락입니다.<br><br>두번째 단락입니다. |

## (3) BR(줄 바꿈 태그)

<BR>은 "line break"를 의미하며, 문단과 문단 사이에 빈 줄을 넣지 않고 줄만 바꾼다. <BR>을 사용할 때에는 </BR>를 사용하지 않는다.

| 소 스 | 결 과 화 면 |
|---|---|
| <BODY><br>한줄 띄우기 <BR><br>두줄 띄우기 <BR> <BR><br>세줄 띄우기 <BR> <BR> <BR><br>세줄이 띄어졌어요.<br></BODY> | 한줄 띄우기<br>두줄 띄우기<br><br>세줄 띄우기<br><br>세줄이 띄어졌어요. |

## (4) HR(수평선 태그)

<HR> 태그는 화면에 수평선을 그리고 싶을 때에 사용하며, 주로 단락과 단락을 구분하기 위해 사용된다. </HR>를 사용하지 않아도 상관없으며, 다음과 같이 속성을 지정할 수 있다.

① <HR SIZE=n> : 수평선의 두께를 지정하는 속성이며, n은 픽셀의 수이다.

② <HR WIDTH=n> : 수평선의 넓이를 지정하는 속성이며, n은 픽셀의 수이다.

③ <HR ALIGN=align> : align은 LEFT(왼쪽정렬) RIGHT(오른쪽 정렬) CENTER(가운데 정렬)가 들어갈 수 있다.

④ <HR NOSHADE> : 수평선의 음영 효과를 없앤다. 즉, 선의 입체감을 제거하여 평면 느낌으로 적용시키기 위해서 사용한다.

⑤ <HR COLOR=색상명 또는 #색상코드> : 수평선의 색상을 지정하는데, 포토샵의 색상 피커(color picker) 값을 확인한 후에 '#색상코드'와 같이 사용하면 된다.

| 소 스 | 결 과 화 면 |
|---|---|
| <BODY><br><HR><br><HR SIZE=10><br><HR SIZE=10 NOSHADE><br><HR WIDTH=100><br><HR WIDTH=100<br>ALIGN=RIGHT'><br><HR COLOR=RED><br></BODY> | |

## (5) CENTER(가운데 정렬)

<CENTER> 태그는 문단을 가운데로 정렬시키는데, <CENTER> 이후에 나오는 모든 문단들은 </CENTER>를 만날 때 모두 가운데로 정렬된다.

| 소 스 | 결 과 화 면 |
|---|---|
| <BODY><br> 왼쪽글씨 <BR><br> <CENTER><br> 글씨가 가운데로<BR><br> </CENTER><br> 왼쪽글씨 <BR><br> </BODY> | 왼쪽글씨<br>　　　　　　글씨가 가운데로<br>왼쪽글씨 |

## (6) DIV

<DIV> 태그는 문단을 정렬하기 위해 사용된다. 속성 ALIGN에는 LEFT, CENTER, RIGHT 값이 들어가는데, 이를 통해 문단의 좌측 정렬, 가운데 정렬, 우측정렬 등을 만들어 낼 수 있다. 한편, <div> 태그의 사용법을 <table> 태그와 비교해서 설명하면 아래와 같다(참다운 현불사 지킴이, cafe.daum.net/charmhbs).

① <div> 태그 사용법: <div>로 열어서 글이나 사진을 넣고 반드시 </div>로 닫아야 한다.

[예] <div>글이나 사진 </div>

② 박스 안에 박스를 넣는 방법: 다음으로는 박스 안에 박스를 넣는 방법은 <div> </div>사이에 <div> </div>를 넣으면 박스 안에 다른 박스를 넣을 수가 있다.

| 소 스 | 결 과 화 면 |
|---|---|
|   제목   본문   | 제목<br>본문 |

③ <table> 태그와의 비교: 위의 <div>태그 전부를 <table> 태그로 화면에서 똑같이 보이게 하려면 아래와 같이 하면 된다.

| 소 스 | 결 과 화 면 |
|---|---|
| <table border=1>  <tr>   <td> 제목 </td>  </tr>  <tr>   <td> 본문 </td>  </tr> </table> | 제목<br>본문 |

### (7) 주석

주석은 "<!-- 주석 -->"의 형식으로 사용되며, '<!-'의 문자들 사이에 공백이 있어서는 안 된다. 복잡한 HTML 문서에는 주석을 사용하여 특정 부분을 설명하는 것이 필요하며, HTML 문서의 관리 및 수정할 HTML 문서를 찾을 때에도 많은 도움이 된다.


## 2. HTML 문서에서의 문자 모양

HTML 문서에서 문자의 모양을 바꾸는 방법에는 두 가지(문자의 논리적 스타일, 문자의 물리적 스타일)가 있다.

## (1) 문자의 논리적 스타일

문자의 논리적 스타일은 문자가 어떠한 용도로 사용되는지만 지정한다. 즉, 논리적 스타일은 글의 내용이 주고자 하는 의미에 따라 글자모양을 규정하는 것으로 문자의 강조, 보다 강한 강조 혹은 컴퓨터 코드 등의 논리적인 속성을 지정하는데 사용되어진다(math.ewha.ac.kr/~jylee).

**표 4-1**  문자의 논리적 스타일

| 태그 | 이름 | 용도 |
|------|------|------|
| DFN | Definition | 용어 정의 |
| EM | Emphasis | 부분 강조 |
| CITE | Citation | 부분 인용 |
| CODE | Code | 타이핑된 코드 |
| KBD | Keyboard | 사용자 키보드 입력 |
| SAMP | Sample | 예제 |
| STRIKE | Strike | 글자 가운데 줄 그리기 |
| STRONG | Strong | 강한 강조 |
| VAR | Variable | 변수 이름 |

| | |
|---|---|
| 소 스 | `<DFN> WORD DEFINITION </DFN><BR>`<br>`<STRONG> STRONG SAMPLE </STRONG><BR>`<br>이것은 `<CITE> CITE 태그를 사용한 인용문 </CITE>`이다.`<BR>`<br>이것은 `<CODE> CODE 태그를 사용한 컴퓨터 코드 </CODE>`이다.`<BR>`<br>이것은 `<DFN> DFN 태그를 사용한 정의어 </DFN>`이다.`<BR>`<br>이것은 `<KBD> KBD 태그를 사용한 컴퓨터 코드 </KBD>`이다.`<BR>`<br>이것은 `<SAMP> SAMP 태그를 사용한 상수 문자 </SAMP>`이다.`<BR>`<br>이것은 `<STRONG> STRONG 태그를 사용한 강조 </STRONG>`이다.`<BR>`<br>이것은 `<VAR> VAR 태그를 사용한 변수 </VAR>`이다.`<BR>` |
| 결과화면 | *WORD DEFINITION*<br>**STRONG SAMPLE**<br>이것은 *CITE 태그를 사용한 인용문*이다.<br>이것은 CODE 태그를 사용한 컴퓨터 코드이다.<br>이것은 *DFN 태그를 사용한 정의어* 이다.<br>이것은 KBD 태그를 사용한 컴퓨터 코드 이다.<br>이것은 SAMP 태그를 사용한 상수 문자 이다.<br>이것은 **STRONG 태그를 사용한 강조** 이다.<br>이것은 *VAR 태그를 사용한 변수* 이다. |

위에서 언급한 문자의 논리적 스타일들의 용도를 조금 더 구체적으로 설명하면 다음과 같은데, 실제로 HTML 문서를 만들 때에 사용해 보는 것이 필요하다.

① DFN(definition): 어떤 단어를 정의할 때 사용하는 것으로 일반적으로 글자모양은 이탤릭체나 볼드체로 나타난다.

② EM(emphasis): 문자를 강조하기 위해 사용하며, 글자모양은 이탤릭체로 나타난다.

③ CITE(citation): 책이나 레퍼런스(reference) 등을 간단하게 인용할 때 사용하는 것으로, 글자모양은 이탤릭체로 나타난다.

④ CODE(code): 타이핑된 컴퓨터 프로그램 코드를 나타낼 때 사용하는 것으로 보통 글자모양은 고정 폭 글자체인 쿠리어(courier) 폰트로 나타난다. 주로 한 줄 정도의 프로그램 코드를 표시할 때 사용하게 되고, 만약 여러 줄의 프로그램 코드라면 <PRE> 태그를 사용하는 것이 좋다.

⑤ KBD(keyboard): 사용자의 키보드 입력을 나타낼 때 사용하는 것으로, 글자 모양은 고정 폭 글자꼴로 나타난다.

⑥ SAMP(sample): 컴퓨터의 상태 메시지를 나타낼 때 사용하는 것으로, 글자모양은 고정 폭 글자체로 나타난다.

⑦ STRIKE(Strike): 문자 중간 부분에 줄을 그리는 것으로, 주로 강조하기 위해 많이 사용된다.

⑧ STRONG(strong): 특정 문자를 강하게 강조하기 위해 사용하는 것으로, 글자모양은 볼드체로 나타난다.

⑨ VAR(variable): 주로 변수이름을 나타낼 때 사용하는 것으로, 글자모양은 이탤릭체로 나타난다.

## (2) 문자의 물리적 스타일

물리적 스타일은 실제로 웹브라우저 화면에 나타나기 원하는 글자모양을 직접 지정하는 방식이며, 대부분의 논리적 스타일과 다르게 서로 중첩되어 사용될 수 있다.

**표 4-2**  문자의 물리적 스타일

| 택 | 이름 | 용도 |
|---|---|---|
| B | Boldface | 볼드체 |
| BIG | Big | 좀 더 크게 |
| I | Italics | 이탤릭체 |
| U | Underlined | 밑줄 문자 |
| TT | Typewriter | 타자기체 |
| BLINK | Blinking | 문자 깜박임 |
| SMALL | Small | 좀 더 작은 크기 |
| SUB | Subscript | 밑첨자 |
| SUP | Superscript | 위첨자 |

| 소 스 | 결 과 화 면 |
|---|---|
| This is \<B\>Boldface Font\</B\>\<BR\><br>This is \<U\>Underlined Font\</U\>\<BR\><br>\<B\> 굵은 문자 \</B\>\<BR\><br>\<I\> 이탤릭체\</I\>\<BR\><br>\<TT\> 등폭 타자체 \</TT\>\<BR\><br>Y=AX\<SUP\>3\</SUP\>+BX \<SUP\>−4\</SUP\>\<BR\><br>Y\<SUB\>0\</SUB\>=AX\<SUP\>2\</SUP\><br>+BX\<SUP\>−1\</SUP\><br>\<BR\><br>\<U\> 밑줄 친 문자 \</U\>\<BR\><br>\<S\> 취소선 \</S\>\<BR\> | This is **Boldface Font**<br>This is <u>Underlined Font</u><br>**굵은 문자**<br>*이탤릭체*<br>등폭 타자체<br>$Y=AX^3 + BX^{-4}$<br>$Y_0=AX^2+BX^{-1}$<br><br><u>밑줄 친 문자</u><br>~~취소선~~ |

위에서 언급한 문자의 물리적 스타일들의 용도를 조금 더 구체적으로 설명하면 다음과 같다.

① B: 특정 부분을 볼드체로 바꾸고 싶을 때 사용한다.

② BIG: 현재 지정된 폰트보다 좀 더 큰 크기의 폰트로 만들고자 할 때 사용된다.

③ I: 특정부분을 이탤릭체로 나타내고 싶을 때 사용한다.

④ U: 특정 부분을 밑줄 문자로 나타내고 싶을 때 사용한다.

⑤ TT: 타자기로 입력한 모양으로 만들고 싶을 때 사용한다.

⑥ BLINK: 특정 문자를 깜박거리도록 만든다.

⑦ SMALL: 현재 지정된 폰트 크기보다 좀 더 작은 크기의 폰트로 만들고자 할 때 사용된다.

⑧ SUB: 특정 부분을 아래첨자로 나타내고 싶을 때 사용한다.

⑨ SUP: 특정 부분을 위첨자로 니다내고 싶을 때 사용한다.

### (3) 폰트의 크기(FONT)

<Hn> 태그는 이미 크기가 정해져 있어서 특정 텍스트를 조금 다른 크기로 쓰고 싶을 때 불편하다. 하지만, <FONT> 태그의 속성으로 사용하는 SIZE에는 폰트의 임의 크기를 지정할 수 있는데, 여기에 들어갈 수 있는 값의 범위는 1부터 7까지이다. 상대크기의 지정도 가능한데, SIZE 속성에 폰트크기 대신에 +, − 기호를 이용한다. 예를 들어, 기본 글꼴 크기보다 3만큼 큰 글꼴을 지정하려면 '+3'이라고 하면 된다.

| 소  스 | 결 과 화 면 |
|---|---|
| <BODY><br> <FONT SIZE=4> FONT SIZE: 4 </FONT> <BR><br> <FONT SIZE=7> FONT SIZE: 7 </FONT> <BR><br></BODY> | FONT SIZE: 4<br><br>FONT SIZE: 7 |

## 3. 특수 문자

HTML 문서에서는 한글, 영어, 숫자 등 사용자가 키보드로 입력할 수 있는 텍스트를 화면에 보여 주지만, 키보드에 없는 별표 같은 특수 문자를 입력해야 할 때도 있다(sendit.tistory.com/58, 2020.6.23.). 여기에서 특수문자(Escape Sequences)라는 것은 키보드를 통해 입력할 수 없는 문자 및 HTML 문서에서 예약어로 사용하고 있는 문자를 의미한다. HTML 문서에는 ESC 코드를 사용하여 특수문자를 입력할 수 있는데, ESC 코드는 보통 "&" 기호로 시작하여 ";" 기호로 끝나게 된다. 다만, 아래와 같은 예약어를 문서에서 사용하려면 별도의 지정어를 사용하는데, 실제로 HTML 문서를 만들 때에 특수 문자를 많이 사용하지는 않는다.

| 기호 | HTML 문서 입력시 사용할 문자 |
|---|---|
| < | &lt; |
| > | &gt; |
| & | &amp; |
| " | &quot; |
| 공백 |   |

키보드로 입력할 수 없는 문자들은 이름을 가진 것과 이름을 가지지 않고 숫자로 표현되는 것도 있으며, 물론 이름과 숫자 두 가지 모두 가지고 있는 문자도 있다. 이름을 가진 것은 위에서 언급한 바와 같이 "&" 기호로 시작하여 ";" 기호로 끝나게 되며, 이름은 반드시 소문자로 써야 한다.

| 기호 | HTML 문서 입력시 사용할 문자 |
|---|---|
| ® | &reg; |
| © | &copy; |

한편, 숫자로 표현되는 문자는 숫자 앞에 "&" 기호와 "#" 기호를 쓰고 뒤에 ";" 기호를 붙여준다.

| 소 스 | `<BODY>`<br>　`<H1> &lt;H1&gt;&quot;This is a heading&quot;&lt;H1&gt; </H1>`<br>`</BODY>` |
|---|---|
| 결 과 화 면 | `<H1>"This is a heading"<H1>` |

## 4. HTML 문서에서의 몇 가지 태그

### (1) PRE

`<PRE>` 태그를 사용하게 되면 문자는 편집기에서 편집되어 있는 모양 그대로 웹브라우저에 나타나게 된다. 글자 사이의 간격이 중요한 표나 문서의 경우에 `<PRE>`가 유용하게 사용된다. `<PRE>` 태그에서 사용되는 WIDTH 속성은 한 줄당에 나타날 수 있는 최대 글자 수를 의미한다. WIDTH의 디폴트 값은 80이다. 만약에 한 줄에 나타나는 글자의 수가 최대 값을 넘기는 경우에는 나머지 문자들이 자동적으로 다음 줄로 넘어가게 된다.

| 소 스 | 결 과 화 면 |
|---|---|
| `<BODY>`<br>　`<PRE>`<br>　이름　국어 수학 총점<br>　홍길동　90　80　170<br>　나순희　70　80　150<br>　`</PRE>`<br>`</BODY>` | 이름　　국어　수학　총점<br>홍길동　90　80　170<br>나순희　70　80　150 |

## (2) PLAINTEXT

<PRE> 태그처럼 문단을 입력한 그대로 보여준다. <PLAINTEXT> 는 <XMP> 태그와 기능은 똑같다. 하지만, PLAINTEXT는 </PLAINTEXT> 라는 닫기 명령이 없다.

## (3) XMP

XMP 태그는 그 안에 있는 HTML 태그까지 문자 그대로 나타내 주는데, 주로 예문을 나타낼 때 사용한다. 한편, XMP 태그는 위에서 언급한 PRE 태그와는 약간 차이가 있다. 즉, PRE 태그 내에서 다른 태그를 사용하면 그 태그의 효과가 나타나지만, XMP 태그에서는 일반 글자로 인식되어 입력한 명령이 그대로 출력된다.

| 소 스 | 결 과 화 면 |
|---|---|
| `<BODY>`<br>　`<XMP>`<br>　xmp 태그 안애 글을 쓰면<br>　줄 바꿈과<br>　　공백 뿐만 아니라<br>　`<br>` 이렇게 태그도 그대로 표현할 수 있다.<br>　`</XMP>`<br>`</BODY>` | xmp 태그 안애 글을 쓰면<br>줄 바꿈과<br>　공백 뿐만 아니라<br>`<br>` 이렇게 태그도 그대로 표현할 수 있다. |

## (4) BLOCKQUOTE

<BLOCKQUOTE> 태그는 인용되는 문단을 다른 문단과 구별하기 위해 사용한다. 인용문단의 왼쪽과 오른쪽에 약간의 여백을 만들고 경우에 따라서는 이탤릭체를 사용한다.

| 소 스 | 결 과 화 면 |
|---|---|
| <BODY> <BR>   <BLOCKQUOTE> <BR>   하얀 민들레는 <BR>   참으로 아름답다. <BR>   </BLOCKQUOTE> <BR> </BODY> | 하얀 민들레는 참으로 아름답다. |

## (5) ADDRESS

<ADDRESS> 태그는 HTML 문서를 만든 사람이 누구인지 알리기 위해 사용되며, HTML 문서의 맨 마지막에 나타난다. <ADDRESS> 태그를 사용하는 이유는 제목 태그와 마찬가지로 검색엔진으로 검색할 경우에 주소를 찾을 경우 <ADDRESS> 태그를 통해 찾아내기 때문에 검색에 조금 더 유리하기 때문이다(BrandNew, 2022.01.05.).

| 소 스 | 결 과 화 면 |
|---|---|
| <BODY> <BR>   <ADDRESS> <BR>   HTML 문서 작성자의 연락처 <BR>   kymkym@chollian.dacom.co.kr <BR>   </ADDRESS> <BR> </BODY> | HTML 문서 작성자의 연락처 <BR> *kymkym@chollian.dacom.co.kr* |

# HTML 문서에 목록과
# 테이블 넣기

## 1. HTML 문서의 목록

HTML에서 제공하는 목록의 종류는 다음과 같다.

① 순서 있는 목록

② 순서 없는 목록

③ 메뉴 목록

④ 디렉터리(directory) 목록

⑤ 용어정의 목록

### (1) 순서 있는 목록(〈OL〉)

목록들이 순서를 가지고 있으며, 각 목록 앞에는 번호가 붙는다. 목록을 위하여 <OL> 태그를 사용하고, 각 목록에는 <LI> 태그를 사용한다.

① OL: ordered list의 약자이다.

② LI: list item의 약자이다.

③ 목록의 작성방법

ⓐ '순서 있는 목록'을 시작할 곳에 <OL> 태그를 쓴다.

ⓑ <OL> 태그 다음 줄부터 목록들을 하나씩 입력하는데, 각 목록 앞에는 <LI> 태그를 붙인다. 목록 끝부분에는 </LI> 태그를 쓰지 않아도 된다.

ⓒ 목록을 모두 입력한 후에는 </OL> 태그를 쓴다.

| 소　스 | 결 과 화 면 |
|---|---|
| `<BODY>`<br>　`<OL>`<br>　　`<LI>` 사과<br>　　`<LI>` 배<br>　`</OL>`<br>`</BODY>` | 1. 사과<br>2. 배 |

④ 각 목록 앞에 숫자 이외에 다른 기호를 나타나게 하려면 TYPE 속성을 이용한다.

　ⓐ `<OL TYPE=A>`: 알파벳(대문자)

　ⓑ `<OL TYPE=a>`: 알파벳(소문자)

　ⓒ `<OL TYPE=I>`: 로마숫자(대문자)

　ⓓ `<OL TYPE=i>`: 로마숫자(소문자)

　ⓔ `<OL TYPE=1>`: 숫자

## (2) 순서 없는 목록(〈UL〉)

순서에 관계없이 목록을 나열할 때 `<UL>`을 사용하며, UL은 Unordered List의 약어이다. `<LI>`에서 제공하는 TYPE이라는 속성을 이용하게 되면, 특정 모양이 나타나도록 지정할 수 있다.

① `<LI TYPE=disc>`: 원반 표시

② `<LI TYPE=circle>`: 원 표시

③ `<LI TYPE=square>`: 사각형 표시

| 소　스 | 결 과 화 면 |
|---|---|
| `<BODY>`<br>컴퓨터관련 전문잡지`<BR>`<br>　`<UL>`<br>　　`<LI TYPE=disc>` PC월드<br>　　`<LI TYPE=circle>` 경영과 컴퓨터<br>　`</UL>`<br>`</BODY>` | 컴퓨터관련 전문잡지<br><br>　• PC월드<br>　∘ 경영과 컴퓨터 |

🔖**참고** 리스트 안에 리스트 중첩하기

단순히 List 안에 List 태그를 사용하는 것을 말하는데, List의 중첩이 가능하다(subprofessor.tistory.com, 2022.8.28.).

```
<body>
  <UL>
    <LI TYPE=disc> PC월드
    <LI TYPE=circle> 경영과 컴퓨터
    <UL>
      <LI TYPE=disc> 인터넷월드
      <LI TYPE=circle> 인터넷과 컴퓨터
    </UL>
  </UL>
</body>
```

## (3) 메뉴목록

메뉴목록은 "순서 없는 목록"에 비해 길이가 짧은 목록 전용으로 사용하기 위해 만들어졌으며, <MENU>라는 태그가 사용된다. 또한 각 목록에는 앞에 나온 목록처럼 <LI>라는 태그가 앞에 붙게 된다.

| 소 스 | 결 과 화 면 |
|---|---|
| ```<BODY><br>  <MENU><br>    <LI>아름다운 연산홍</LI><br>    <LI>매실이 달린 매화나무</LI><br>    <LI>향기가 좋은 라일락</LI><br>    <LI>추위에 견딘 동백꽃</LI><br>  </MENU><br></BODY>``` | • 아름다운 연산홍<br>• 매실이 달린 매화나무<br>• 향기가 좋은 라일락<br>• 추위에 견딘 동백꽃 |

## (4) 디렉터리 목록

디렉터리(directory) 리스트를 나타낼 때 사용되며, 파일이름과 같이 길이가 짧은 목록들을 나타낼 때 사용한다. 즉, 디렉터리(directory)목록은 <DIR>이라는 태그가 사용하게 되며, 각 목록에는 앞에 나온 목록처럼 <LI>라는 태그가 앞에 붙게 된다.

| 소 스 | 결 과 화 면 |
|---|---|
| <BODY><br>　한국음식메뉴<BR><br>　　<DIR><br>　　　<LI> 김치<br>　　　<LI> 튀김<br>　　</DIR><br></BODY> | 한국음식메뉴<br><br>• 김치<br>• 튀김 |

## (5) 용어 정의 목록

<DL>, <DT> 및 <DD> 태그를 사용하여 어떤 용어에 대한 설명이나 정의를 쓸 때에 사용한다. <DT> 태그 뒤에 용어를 쓰고 <DD> 뒤에 용어 설명을 쓰는 방식을 사용하게 된다. DL는 definition list의 약자이며, DT는 definition term의 약자, 그리고 DD는 definition description의 약자이다.

| | |
|---|---|
| 소 스 | <BODY><br>　　<DL><br>　　　<DT> 컴퓨터<br>　　　<DD> 컴퓨터는 신의 선물이다.<br>　　　<DT> 소프트웨어<br>　　　<DD> 소프트웨어는 다양한 작업을 하기 위해 필요하다.<br>　　</DL><br></BODY> |
| 결 과 화 면 | 컴퓨터<br>　　컴퓨터는 신의 선물이다.<br>소프트웨어<br>　　소프트웨어는 다양한 작업을 하기 위해 필요하다. |

### (6) 목록의 중첩

위에서 설명된 5개의 목록들은 모두 중첩되어 사용할 수 있다.

## 2. HTML 문서의 테이블

HTML 문서에 표(테이블, table)를 넣는 방법에 대하여 살펴보면, <TABLE> 태그를 이용하여 표를 만들게 된다. 또한 <TABLE> 태그의 속성은 다음과 같다.

① BORDER: 표의 테두리를 그릴 것인지를 결정한다. 예를 들어, <TABLE BORDER=5>는 두께가 5픽셀(Pixel)인 테두리를 그린다는 의미이다.

② CELLSPACING: 셀과 셀 사이의 간격을 지정하고 싶을 때 사용한다. 예를 들어, <TABLE CELLSPACING=5>는 셀과 셀 사이를 5픽셀만큼 떨어지게 만든다는 의미이다.

③ WIDTH: 표(table)의 가로 길이를 지정한다.

④ HEIGHT: 표(table)의 세로 높이를 지정한다.

한편, 표의 내용을 채우기 위해 사용되는 태그들은 다음과 같은데, 일반적인 테이블의 구조는 [그림 4-4]와 같다(dondok.tistory.com, 2022.6.3.).

① <CAPTION>: 표의 제목을 적는 곳이며, 사용하지 않아도 된다.

② <TH>: 표의 헤더를 적는 곳인데, <TD>를 사용해도 결과는 같다.

③ <TR>: 한 행의 끝을 의미하며, <TR>..</TR>로 한 줄을 만든다.

④ <TD>: 표의 내용을 적는 곳이며, <TD>..</TD>로 한 칸을 만든다.

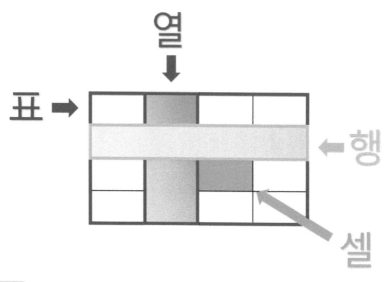

그림 4-4 테이블의 구조

### (1) CAPTION

표에 대한 제목이나 설명을 쓸 때 사용하게 된다.

[예] <CAPTION> 도수분포표 </CAPTION>

### (2) TH

TH는 table header의 약자로서 표를 구성하고 있는 각 칼럼(column)의 제목을 알려주게 되는데, TH 대신에 아래에서 설명할 TD(table data)를 사용해도 된다. 이 헤더에 의하여 표에 몇 개의 칼럼(column, 칸)이 나타나게 되는지가 결정되며, <TH>의 속성은 다음과 같다.

① ALIGN: 헤더의 셀에 들어가는 제목의 정렬 방식으로, 3가지 값이 들어갈 수 있다. <TH>의 디폴트 값은 CENTER이다.

ⓐ <TH ALIGN=LEFT>: 왼쪽 정렬

ⓑ <TH ALIGN=RIGHT>: 오른쪽 정렬

ⓒ <TH ALIGN=CENTER>: 가운데 정렬

② ROWSPAN: 헤더의 셀을 몇 개의 행(row)에 걸쳐 있는지를 정하는 곳으로, 디폴트 값은 1이다. 즉, 여러 줄을 하나로 합칠 때에 사용한다.

③ COLSPAN: 헤더의 셀을 몇 개의 열(column)에 걸쳐 있는지를 정하는 곳으로, 디폴트 값은 1이다. 즉, 여러 칸을 하나로 합칠 때에 사용한다.

④ VALIGN: 헤더의 셀에 들어가는 제목의 수직 정렬 방식으로 4가지 값이 들어갈 수 있다.

　ⓐ ＜TH VALIGN＝TOP＞: 내용을 셀의 위에 정렬한다.

　ⓑ ＜TH VALIGN＝MIDDLE＞: 내용을 셀의 가운데 정렬한다.

　ⓒ ＜TH VALIGN＝BOTTOM＞: 내용을 셀의 밑에 정렬한다.

　ⓓ ＜TH VALIGN＝BASELINE＞: 내용을 셀의 BASELINE에 정렬하는데, HTML5에서는 지원되지 않는다.

⑤ WIDTH: 셀의 수평 길이를 나타낸다.

⑥ HEIGHT: 셀의 수직 길이를 나타낸다.

⑦ NOWRAP: 셀의 끝에서 다음 줄로 자동으로 내려가는 것을 금지할 때에 사용한다. 자동적으로 줄 바꾸기를 하지 않으려면 ＜TD＞, ＜TH＞ 태그에 NOWRAP 옵션을 지정하면 된다.

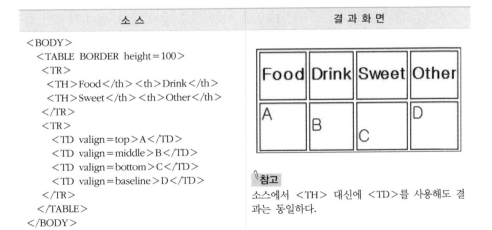

| 소 스 | 결 과 화 면 |
|---|---|
| ```<br><BODY><br>  <TABLE BORDER height=100><br>   <TR><br>    <TH>Food</th><th>Drink</th><br>    <TH>Sweet</th><th>Other</th><br>   </TR><br>   <TR><br>    <TD valign=top>A</TD><br>    <TD valign=middle>B</TD><br>    <TD valign=bottom>C</TD><br>    <TD valign=baseline>D</TD><br>   </TR><br>  </TABLE><br></BODY><br>``` | **참고**<br>소스에서 ＜TH＞ 대신에 ＜TD＞를 사용해도 결과는 동일하다. |

## (3) TR

TR은 표(table)의 각 행이 끝났다는 것을 지정한다. <TR> 태그가 나오지 않으면 표의 모든 셀들이 1줄로 나타나게 된다.

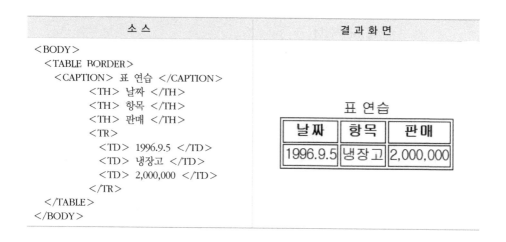

| 소 스 | 결 과 화 면 |
|---|---|
| `<BODY>`<br>  `<TABLE BORDER>`<br>    `<CAPTION> 표 연습 </CAPTION>`<br>      `<TH> 날짜 </TH>`<br>      `<TH> 항목 </TH>`<br>      `<TH> 판매 </TH>`<br>      `<TR>`<br>        `<TD> 1996.9.5 </TD>`<br>        `<TD> 냉장고 </TD>`<br>        `<TD> 2,000,000 </TD>`<br>      `</TR>`<br>  `</TABLE>`<br>`</BODY>` | |

HTML 문서에서 표(table)가 만들어지는 원리를 보면 데이터(문자, 숫자, 기호 등)가 있어야만 셀의 모양이 갖추어진다. 따라서 빈 칸을 만들려면 공백 문자를 강제로 넣어 주어야 한다. 이러한 경우에 사용하는 것이 <PRE> ··· </PRE> 태그이다.

① <PRE> ··· </PRE>: 아무 것도 넣지 않고 셀에 넣으면 다른 셀과 유사한 모양의 셀이 만들어진다.

② 예를 들어, 위에서 언급한 HTML 문서에서 두 곳에 들어갈 데이터(문자, 숫자, 기호 등)가 아직 결정되지 않았다면 아래와 같이 할 수도 있을 것이다.

```
<BODY>
  <TABLE BORDER>
    <CAPTION> 표 연습 </CAPTION>
      <TH> 날짜 </TH>
```

```
      <TH> 항목 </TH>
      <TH> <PRE> </PRE> </TH>
    <TR>
      <TD> 1996.9.5 </TD>
      <TD> <PRE> </PRE> </TD>
      <TD> 2,000,000 </TD>
    </TR>
  </TABLE>
</BODY>
```

## (4) TD

TD는 table data의 약자로서 표(table)의 헤더 밑에 하나씩 들어가는 각 셀의 데이터를 지정한다. 한 행에 들어가는 칼럼(column)의 수는 표의 헤더에서 정한 개수를 그대로 맞춰주어야 한다. 만약에 헤더에서 <TH> 태그를 3개 사용하여 3개의 칼럼(column)을 지정하였다면 <TD> 태그 역시 한 행(row)에 3개가 지정되어야 한다. <TD>의 속성은 다음과 같다.

① ALIGN: 셀의 정렬 방식으로, 3가지 값이 들어갈 수 있다. <TD>의 디폴트 값은 LEFT이다.

  ⓐ <TD ALIGN=LEFT>: 왼쪽 정렬

  ⓑ <TD ALIGN=RIGHT>: 가운데 정렬

  ⓒ <TD ALIGN=CENTER>: 오른쪽 정렬

② ROWSPAN: 셀을 몇 개의 행(row)에 걸쳐 있는지를 정하는 곳으로, 디폴트 값은 1이며, 여러 줄을 하나로 합칠 때에 사용한다.

③ COLSPAN: 셀을 몇 개의 열(column)에 걸쳐 있는지를 정하는 곳으로, 디폴트 값은 1이며, 여러 칸을 하나로 합칠 때에 사용한다.

| 소 스 | 결 과 화 면 |
|---|---|
| ```
<BODY>
  <TABLE border=1>
  <TR>
    <TD width=100 height=100 COLSPAN=2> 1
    </TD> </TR>
  <TR>
    <TD width=100 height=100> 3 </TD>
    <TD width=100 height=100 ROWSPAN=2> 4
    </TD> </TR>
  <TR>
    <TD width=100 height=100> 5 </TD>
  </TR>
  </TABLE>
</BODY>
``` | |

참고 표(테이블, table)를 만드는 방법에 대해서는 잘 알고 있어야 하는데, 특히 ROWSPAN 및 COLSPAN을 활용하여 테이블을 만드는 절차에 대해서도 알고 있어야 한다. 사실 세상에 존재하는 거의 모든 웹사이트들은 테이블을 활용하여 만들어져 있다고 할 수 있는데, <TABLE border=1> 대신에 <TABLE border=0>을 사용하여 시각적으로는 테이블로 만들어져 있다는 것이 보이지 않을 수도 있다.
```

# HTML 문서의 연결

HTML 문서의 연결(link)은 다음과 같이 세 가지로 세분할 수 있다.
① HTML 문서 내에서의 연결
② 한 컴퓨터 안에서의 연결
③ 인터넷상에서의 연결

## 1. 〈A〉: 앵커 태그

〈A〉 태그는 하이퍼텍스트(hypertext) 연결을 위해 사용하는 것으로서, HTML 문서의 특정 위치, 다른 문서 혹은 다른 컴퓨터에 연결하는 역할을 하게 된다. 〈A〉는 Anchor, 즉 닻이라는 말의 약자이다.

〈A〉 태그 안에 NAME 속성을 넣음으로써 연결될 수 있는 지점을 지정할 수도 있고, HREF 속성을 넣음으로써 이동하고 싶은 곳의 위치 (주소)를 지정할 수 있다. 물론 NAME과 HREF 두 속성을 모두 사용하여 현재 위치와 이동하고 싶은 곳의 위치를 동시에 지정할 수 있다.

### (1) HREF

하이퍼텍스트 연결로 이동하고자 하는 곳의 위치를 지정하게 된다. HREF 속성에는 URL(uniform resource locator, 인터넷 주소)이 들어갈 수 있고, NAME 속성에 의해 지정된 곳의 이름이 들어갈 수 있다.

| 소 스 | `<BODY>`<br>`<A HREF="http://www.daum.net">` 다음 사이트 `</A>` `<BR>`<br>`<A HREF="#location1">` 문서의 첫번째 위치로 `</A>`<br>`</BODY>` |
|---|---|
| 결 과 화 면 | <u>다음 사이트</u><br><u>문서의 첫번째 위치로</u> |

위에서 보듯이 일반적으로는 HREF 속성에는 URL이 들어가는 것을 가장 많이 사용하게 되며, NAME 속성은 가끔 사용되고 있다.

## (2) NAME

하이퍼텍스트로 연결할 HTML 문서의 특정 위치에 표식을 만들고 싶을 때 사용하게 된다. NAME 속성 뒤에 나오는 이름은 나중에 HREF 속성에서 연결하기 위해 사용하게 될 이름이 되기도 한다.

[예] `<A NAME="location1">` 여기는 문서의 첫번째 위치 `</A>`

## 2. HTML 문서 내에서의 연결

HTML 문서 내에서의 연결을 위해서는 HREF과 NAME을 동시에 사용해야 한다. 먼저 하이퍼텍스트로 연결되고자 하는 곳에 NAME 속성을 이용하여 표식을 달아야 한다. HTML 문서의 어느 위치에나 상관없이 넣을 수 있다.

`<A NAME="chap1">` 제1장 `</A>`

이제 HTML 문서의 어느 위치에서도 "chap1"이라는 이름을 이용하여 이곳으로 이동할 수 있다. 이때에 이름 앞에 "#" 기호를 붙여야 한다.

&lt;A HREF="#chap1"&gt; 제1장으로 &lt;/A&gt;

    Windows Internet Explorer에서 &lt;A&gt; 태그의 HREF 속성을 사용한 문자는 파란색으로 바뀌면서 밑줄이 그어지게 된다. 이곳으로 마우스를 이동해 보면 마우스 커서의 모양이 손가락으로 바뀌는 것을 볼수 있다. 이 손가락 마우스 커서가 의미하는 것은 현재 위치에서 마우스를 클릭하면 여기서 연결된 곳으로 이동하게 된다는 것이다. 그리고 이동할 곳의 위치는 화면 하단에 자동으로 나타나게 된다.

참고  HTML 문서 내에서의 연결은 같은 디렉토리의 문서 연결 및 디렉토리가 다른 문서의 연결로 구분할 수 있다(blog.naver.com/yin1957).
① 같은 디렉토리의 문서 연결: &lt;A&gt; 태그의 HREF 속성에 연결하고자 하는 문서의 이름을 넣기만 하면 된다.
② 디렉토리가 다른 문서의 연결: 디스크에 있는 파일을 가리킬 때에 경로(Path)라는 것을 사용하게 되는데, 상대경로 혹은 절대경로로 파일을 연결하면 된다.
ⓐ 상대경로: 현재 자신이 있는 위치를 기준으로 해서 파일의 위치를 결정하는 방법을 말한다. 예를 들어, 만약 현재 폴더가 "C:\HTML"인 상태에서 "C:\HTML\IMAGE\photo00.jpg" 파일을 가리켜야 한다고 생각하면, 파일의 상대 경로는 "IMAGE\photo00.jpg"가 된다.
ⓑ 절대경로: 항상 최상위 폴더부터 파일의 위치를 결정하는 방법이다. 예를 들어, 앞에 나온 photo00.jpg의 위치를 절대 경로로 생각해 보면 "C:\HTML\IMAGE\photo00.jpg"가 되는 것이다.

## 3. 인터넷상에서의 연결

    WWW 서비스를 연결하는 방법은 &lt;A&gt; 태그의 HREF 속성에 해당 서비스의 URL을 지정하면 된다.

## (1) URL에 대해

인터넷 상에 있는 모든 파일과 서비스는 URL(uniform resource locator, 인터넷 주소)로 나타내는데, 여기에는 다음과 같은 정보들이 들어가게 된다.

[예] URL의 요소
① 통신프로토콜: 서버와 연결하는 방법(HTTP, FTP, GOPHER..)
② 도메인 네임: 서버의 인터넷 주소
③ 포트 번호: 서버의 포트의 번호(꼭 필요한 경우에만 사용된다.)
④ 서비스 위치: 서비스를 담고 있는 파일의 경로명

[예] http://www.domainname.com:1500/directory/file.html
        ①                    ②                ③              ④

## (2) URL의 문자

URL은 일반적으로 알파벳 문자와 숫자와 몇 가지의 기호들에 의하여 만들어진다. 하지만, URL을 만드는 데에는 사용할 수 있는 문자가 있고 사용할 수 없는 문자가 있다.

URL에서 사용할 수 없는 문자와 대체 코드

| 문자 | 대체 코드 | 문자 | 대체 코드 |
|---|---|---|---|
| TAB | %09 | SPACE | %20 |
| " | %22 | < | %3C |
| > | %3E | [ | %5B |
| \ | %5C | ] | %5D |
| ^ | %5E | ` | %60 |
| { | %7B | \| | %7C |
| } | %7D | ~ | %7E |

## (3) HTTP

파일과 디렉터리(directory)를 URL에서 지정할 때 약간의 차이를 보이고 있는데, 디렉터리(directory)를 지정하는 경우에 "/" 문자로 끝나게 된다.

<A HREF="http://www.domain.com/www/home"> 새로운 WWW 서브 </A>
<A HREF="http://www.domain.com/www/home/index.html"> 서브 </A>

[예]
<BODY>
　<OL>
　　<LI> <A HREF="http://www.io.com/~derae/"> Websurfer </A>
　　<LI> < > 　　　　< >
　</OL>
</BODY>

위의 URL에서 "~"라는 기호는 "www.io.com" 서버에 derae라는 계정을 가지고 있는 사람들의 홈 디렉터리(directory)를 의미하게 된다.

**참고** URL 구조
URL 구성 요소를 보면 순서대로 아래와 같이 프로토콜, 호스트 주소, 포트 번호, 경로, 쿼리로 나눌 수 있다(참고문헌: www.grabbing.me). URL의 마지막 구성 요소로 query(쿼리)가 있는데, query는 URL에서 추가적인 데이터를 표현할 때 사용된다.

# 5

# HTML 문서에 이미지 및 멀티미디어 요소 넣기

## 1. 웹브라우저에서 사용할 수 있는 이미지의 종류

웹브라우저(web browser)에서 사용할 수 있는 이미지들은 다음과 같다.

① 인라인 이미지(inline image): 외부 그래픽 프로그램을 사용하지 않고도 웹브라우저 화면상에서 보여줄 수 있는 것을 의미하는데, 다양한 이미지 호스팅 사이트에 등록되어 있는 이미지들은 <IMG SRC> 명령어를 사용하여 웹브라우저 화면상에서 보여줄 수 있다.

② 외부 이미지(external image): 외부 프로그램을 실행시켜 보여주는 이미지를 의미한다.

## 2. 웹브라우저에서 문서와 이미지를 읽는 순서

HTML 문서를 읽어 들인 후에 이미지를 삽입하는 <IMG>라는 태그가 문서에 있는지 찾아보게 된다. 만약에 <IMG> 태그가 발견되었다면, 서버에 접속한 후에 필요한 이미지 파일을 가져온다.

## 3. 〈IMG〉: 이미지 태그

〈IMG〉 태그를 이용하게 되면 HTML 문서의 원하는 위치에 여러 가지 형식의 이미지들을 보여줄 수 있는데, 다음과 같은 속성들이 있다.

① SRC: 이미지 파일이 위치한 곳에 관한 URL 정보가 들어가게 된다. 나의 컴퓨터에 다음(Daum) 로고이미지가 daum.png로 저장되어 있을 때 파일명만 적으면 된다. 하지만, 이미지 호스팅 사이트에 이미지가 저장되어 있으면, 이미지 호스팅 사이트(image hosting site)의 주소도 함께 적어야 한다.

[예]  〈IMG SRC="daum.png"〉
〈img src="http://www.mis.or.kr/images/new_main_13.gif"〉

| 소 스 | 결 과 화 면 |
|---|---|
| 〈BODY〉<br>　〈CENTER〉<br>　　〈H1〉 다음이미지〈/H1〉<br>　　〈IMG SRC="daum.png"〉<br>　〈/CENTER〉<br>〈/BODY〉 | **다음이미지**<br><br>Daum |

② ALIGN: 이미지와 텍스트를 같이 사용했을 때 텍스트의 위치를 정렬하는 기능을 가지고 있다. ALIGN 속성에 들어갈 수 있는 값은 다음과 같은데, TOP, MIDDLE, BOTTOM 속성 값인 경우 이미지 옆에 한 줄의 텍스트만 나타나게 되며, ALIGN 속성의 영향을 받는 것도 그 한 줄 뿐이다. 하지만, LEFT와 RIGHT는 여러 줄의 텍스트가 한꺼번에 옆으로 나타난다.

ⓐ TOP: 이미지의 상단과 텍스트의 상단을 일치시킨다.

ⓑ MIDDLE: 이미지의 중간과 텍스트의 중간을 일치시킨다.

ⓒ BOTTOM: 이미지의 하단과 텍스트의 하단을 일치시킨다.

ⓓ LEFT: 이미지를 왼쪽으로 정렬시키는 것이다.

ⓔ RIGHT: 이미지를 오른쪽으로 정렬시키는 것이다.

| 소 스 | 결 과 화 면 |
| --- | --- |
| <IMG SRC="daum.png" ALIGN=top> 이미지 <br> | 이미지 |
| <IMG SRC="daum.png" ALIGN=middle> 이미지 <br> | 이미지 |
| <IMG SRC="daum.png" ALIGN=bottom> 이미지 <br> | 이미지 |

③ ALT: 텍스트만 볼 수 있는 WWW 브라우저에서 이미지 대신에 보여주는 문장을 정해준다. ALT를 하지 않은 <IMG>를 텍스트 웹브라우저를 사용하여 보게 되면 [IMAGE] 또는 [INLINE]이라는 메시지만 나타나게 되는데 이 경우 사용자는 어떤 그림이 있는지 알 수가 없다. 이러한 경우에 ALT 속성을 이용하여 이미지가 어떤 이미지인가에 대한 내용을 전달한다.

[예] <IMG SRC="draw.gif" ALIGN=TOP ALT="이미지 설명"> 그림

④ BORDER: 이미지의 테두리를 그려주기 위한 속성이다.

⑤ HEIGHT: 이미지의 높이를 픽셀 단위로 지정하기 위한 것이다.

⑥ WIDTH: 이미지의 넓이를 필셀 단위로 지정하기 위한 것이다.

⑦ VSPACE: 이미지의 상하에 얼마만큼의 여백을 줄지 지정한다.

⑧ HSPACE: 이미지의 좌우에 얼마만큼의 여백을 줄지 지정한다.

위에서 HEIGHT와 WIDTH는 매우 자주 사용하는데, 아래의 예와 같이 큰 크기의 이미지를 강제로 줄일 때에 유용하게 사용할 수 있다.

예를 들어, 이미지의 크기가 500×500 크기일 때에 아래와 같이 HEIGHT와 WIDTH를 사용하여 줄 일 수 있는데, 비율에 맞추어서 줄이지 않을 때에는 이미지가 찌그러지거나 선명도가 떨어질 수도 있다. 따라서 HEIGHT와 WIDTH를 사용하여 이미지를 강제로 줄이기보다는 포토샵으로 원하는 크기(예: 200×200)로 이미지를 줄여서 사용하는 것이 오히려 더 편리하다.

[예] <IMG SRC="draw.gif" width=200 height=200>

## 4. 이미지를 통한 문서의 연결

### (1) 〈A〉 태그 이용

<A> 태그를 이용하여 이미지를 문서 연결도구로 사용한다. 마우스로 특정 이미지를 클릭하게 하는 경우에 여기에 연결된 문서로 자동으로 연결시켜준다. 예를 들어, "draw.gif"라는 이미지를 클릭하는 경우에 "next.htm"로 연결되도록 하려면 다음과 같이 태그를 구성하면 된다.

<A HREF="next.htm"> <IMG SRC="draw.gif"> </A>

### (2) 〈MAP〉 태그를 이용

이미지맵(image map) 태그는 하나의 이미지를 여러 영역으로 나누어 각 영역을 각기 다른 웹 페이지로 연결하고자 하는 경우에 사용하게 되는데, 일반적으로는 잘 사용하지 않는 태그이다. <MAP> 태그를 이용하는 HTML 문서의 형식은 아래와 같다.

[형식]
<html>

```
<head>
<title>MAP 태그의 예</title>
</head>
<body>
   <img src="이미지경로" usemap="#이름">
   <map name="이름">
     <area shape="rect" coords="x1, y1, x2, y2" href="링크주소">
   </map>
</body>
</html>
```

[형식]
```
<img src="이미지경로" usemap="#이미지맵 사용명칭">
<map name="이미지맵 사용명칭">
  <area shape="rect" coords="좌표" href="링크주소" target="_blank">
</map>
```

참고 위의 형식에서 좌표는 포토샵 혹은 윈도우에 탑재되어있는 그림판을 통해 손쉽게 좌표 값을 얻을 수 있다.

참고 HTML 사진에 링크를 거는 이미지맵(area, map 태그) 설정 방법에 대해서는 rgy0409.tistory.com/2881(2018. 9. 20.), crone.tistory.com/309(2021. 3. 19.)에서 자세하게 설명하고 있다.

### (3) 〈A〉 태그와 〈MAP〉 태그의 차이점

이미지에 링크를 걸 때에 <a href=" ">...</a> 태그는 하나의 경로만 링크를 걸 수 있는데, 이미지맵(image map) 태그를 활용하면 하나의 이미지에 여러 개의 영역을 만들어서 여러 개의 링크를 걸 수 있다.

## 5. 작은 이미지를 활용한 큰 이미지 보여주기

파일 크기가 작은 이미지를 사용자에게 보여주고 사용자가 원하는 경우에 원래 크기의 이미지를 보여 줄 수 있다. 예를 들어, "sdraw.gif"라는 파일을 보여주고, 사용자가 이 이미지를 마우스로 클릭하는 경우에 "draw.gif"라는 파일을 불러 들여 웹브라우저에서 보여주려면 다음과 같이 태그를 구성하면 된다.

<A HREF="draw.gif">  <IMG SRC="sdraw.gif">  </A>

## 6. HTML 문서의 배경 및 전경 바꾸기

HTML 문서의 배경 및 전경에 나타나는 색과 이미지를 바꿀 수 있다.

### (1) 배경색 바꾸기

HTML 문서의 배경색을 바꾸기 위해 <BODY> 태그에 BGCOLOR라는 새로운 속성을 추가한다.

<BODY BGCOLOR="#RRGGBB">  </BODY>

여기에서 BGCOLOR 속성 값으로는 배경색으로 사용될 칼라의 R, G, B 값이 들어가게 되는데, 포토샵의 도구 박스(Tool Box)에 있는 [전경색 설정]을 클릭하면 나타나는 색상 피커에 있는 값(# 옆의 기호)을 입력하면 된다([그림 4-4] 참조).

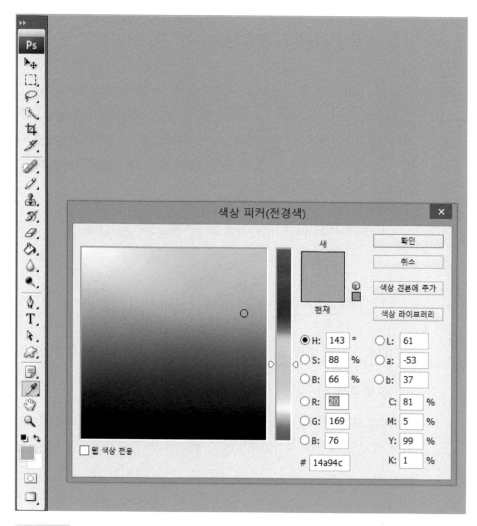

그림 4-4 포토샵의 색상 피커

## (2) 배경 이미지 바꾸기

특정 이미지를 배경으로 사용할 수 있다.

&lt;BODY BACKGROUND="back.gif"&gt; ··· &lt;/BODY&gt;

## (3) 글자색 바꾸기

웹브라우저 화면에 나타나는 글자의 색을 바꿀 수 있는데, [그림 4-4]와 같이 포토샵에서 제공하는 색상 피커(Color Picker) 값을 사용하면 된다. 이를 위해서는 색상 피커 대화 상자를 열어야 하는데, 포토샵의 작업 영역에 표시된 전경색/배경색(foreground, background color) 상자를 클릭하면 컬러를 선택할 수 있는 색상 피커 대화상자가 나타난다.

<BODY TEXT="#RRGGBB">  · · ·  </BODY>

## (4) 연결 글자색 바꾸기

<A> 태그로 연결 기능을 구현해 놓은 글자의 색을 바꾸기 위해 <BODY> 태그에 LINK, VLINK, ALINK라는 속성을 사용한다.

① LINK: 연결기능을 구현해 놓고 사용자가 선택하지 않은 상태의 색깔을 지정한다.
② VLINK: 한 번이라도 방문한 상태의 색깔을 지정한다.
③ ALINK: 마우스로 클릭하고 아직 손을 떼지 않은 상태의 글자색 을 지정한다.

[예]
<BODY LINK="#RRGGBB">  · · ·  </BODY>
<BODY VLINK="#RRGGBB">  · · · </BODY>
<BODY ALINK="#RRGGBB">  · · · </BODY>

## 9. HTML 문서에 비디오 넣기

### (1) 비디오 파일

HTML 문서에 넣을 수 있는 비디오(video) 파일의 종류는 다음과
같다.

① MPEG: Motion Pictures Experts Group은 속도가 빠르고 압축
　효율이 높다는 이유로 인터넷에서 가장 많이 사용하고 있는 포
　맷이다. MPEG 파일은 ".mpg" 혹은 ".mpeg"라는 확장자를 사용
　한다.

② QuickTime: 애플사에서 개발한 비디오 포맷이며, 파일 확장자
　로 ".mov"를 사용하고 있다.

③ AVI: 마이크로소프트에서 만들었으며, 오디와 비디오를 함께 삽
　입해서 만든 포맷으로 확장자로 ".avi"를 사용하고 있다.

### (2) HTML 문서에 비디오 파일 넣기

비디어 파일은 일반 문서를 연결할 때 사용하는 <A> 태그를 이
용하여 HTML 문서에 넣을 수 있다.

　<A HREF="movie.mpg"> movie.mpg 파일 재생 </A>

### (3) 윈도우 익스플로러(Explorer)에서 비디오 재생 프로그램 등록

비디오 재생 프로그램의 등록은 윈도우 익스플로러(Explorer)의 Option
메뉴 밑에 있는 preference나 general에 있는 helper applications 메
뉴를 통해 이루어진다. 하지만, 위에서 사운드(sound) 파일을 넣는 것
에 대해 신중해야 한다는 것을 지적하였듯이, 비디오(video) 파일도 마
찬가지이다. 즉, 여러 사람들이 함께 사용하는 사무실에서 특정 기업
의 홈페이지를 접속했을 때에 사운드(sound) 파일 혹은 비디오(video)
파일이 무작정 실행되었을 때에 무척 당황스러운 경우가 있을 것이다.

그렇기 때문에 아래에서 설명하는 유튜브(youtube)와 같은 외부 사이트에 사운드 혹은 비디오를 등록한 후에 필요한 경우에만 HTML 명령어를 활용하여 접속할 수 있도록 하는 것이 더 바람직 할 것이다.

## 10. HTML 문서에 유튜브 사운드 및 비디오 연결하기

유튜브(www.youtube.com)에 회원가입을 하면 My Channel(내 채널)이 자동으로 만들어지게 되며, 등록한 모든 동영상(UCC)들을 My Channel(내 채널)에서 확인할 수 있다. 따라서 기업의 홍보용 동영상들을 만들어서 유튜브의 My Channel(내 채널)에 등록한 후에 다양한 웹사이트에서 HTML 명령어로 링크시키는 것은 매우 편리하면서 효과적인 방법이 될 수 있다([그림 4-5] 참조).

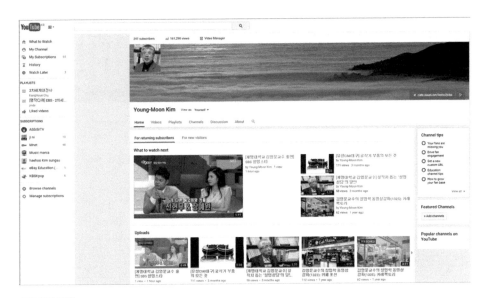

그림 4-5  유튜브의 My Channel

한편, [그림 4−6]에서 보듯이, 유튜브에 등록한 사운드(sound) 파일 혹은 비디오(video) 파일을 기업의 홈페이지에서 링크시키는 방법은 다음과 같다.

① 유튜브의 My Channel(내 채널)에서 링크시키고자 하는 동영상을 클릭한다.

② 왼편 아래에 있는 [Share]를 클릭한다.

그림 4−6  유튜브의 동영상 링크시키기

③ [Embed]를 클릭한 후에 나타나는 주소를 <a href="  ">의 따옴표(" ")내에 복사한다. 또한 [Embed]를 클릭한 후에 나타나는 동영상의 주소에서 동영상의 크기(width="560" height="315")를 조절할 수도 있다.

④ 기업의 홈페이지에서 유튜브에 있는 사운드(sound) 혹은 비디오(video) 파일이 정상적으로 링크가 되는가를 확인한다.

**참고** 네이버TV 및 카카오TV에 등록한 동영상의 활용

유튜브의 My Channel과 같이 네이버TV 및 카카오TV에 등록한 동영상(UCC)들의 경우에도 개별 동영상의 주소를 확인할 수 있으며, 창업기업의 홈페이지에서 링크시킬 수 있다.

① 네이버TV에서는 동영상의 우측 아래에 있는 공유를 클릭한 후에 [URL 복사]를 활용하면 된다.

② 카카오TV에서는 동영상의 우측 상단에 있는 공유 화살표를 클릭한 후에 [URL 복사]를 활용하면 된다.

# 16 FRAME의 이해와 활용

## 1. HTML 문서 안에 프레임 만들기

Frame이란 웹브라우저 윈도우의 한 화면을 복수 개의 영역으로 구분해서 사용할 수 있으며, 그 페이지를 벗어나지 않고 링크(link)된 페이지를 불러올 수 있는 기능이다. 예를 들어, [그림 4-7]에서와 같은 프레임(frame)을 만드는데 있어서는 두 가지 종류의 문서가 존재한다.

① 웹브라우저 화면에 나타날 프레임 형식을 지정하는 문서: <FRAMESET>과 <FRAME>이라는 태그를 이용하여 만든다.

② 각 프레임 안에서 보여줄 실제 내용이 들어가 있는 문서: 기존의 HTML 문서 형식이 그대로 사용된다.

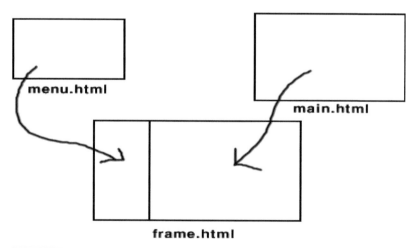

menu.html

main.html

frame.html

그림 4-7 프레임의 개념

여기에서 프레임(frame)이란 틀 혹은 뼈대라는 뜻인데, HTML에서 사용되는 프레임 페이지는 다른 여러 개의 HTML 페이지를 동시에 한 화면에 배치해서 보여주는 커다란 레이아웃의 역할을 하게 된다([그림 4-7] 참조, egloos.zum.com/aierse).

## 2. Frame 문서의 서식

프레임 기능이 들어간 문서는 <body> 태그가 없다. 즉, Frame 문서에는 <body> 태그를 사용하지 않으며, 대신 <frameset>를 사용하는데 그 형식은 아래와 같다.

```
<html>
 <head> </head>
   <FRAMESET>
      <FRAME>
      <FRAME>
   </FRAMESET>
 </html>
```

## 3. Frame 형식

<FRAMESET>: ROWS, COLS

<FRAMESET>은 "창을 나눠라"라고 지시하는 것이며. 함께 쓰이는 두 가지 속성(attribute)들은 그 창을 어떻게 나눌 것인가를 지시하게 된다.

## (1) ROWS: 창을 가로로 분할

ROWS는 "창을 가로로 나눠라"라는 말이다. 창의 크기나 개수는 따옴표 속의 정의에 따른다. 따옴표 속의 창의 개수는 콤마로, 크기는 value로 나눠진다. value에는 아래와 같이 세 가지가 있다.

① value(%): 1~100까지의 % 수치로 창의 크기를 나눈다. 당연히 모든 창의 크기의 합은 100%가 되어야 한다.

<FRAMESET ROWS="20%, 60%, 20%">
<FRAMESET ROWS="50%, 50%">

② value(*): "*"라는 글자가 마치 수학 공식의 X와 같이 쓰인다.

<FRAMESET ROWS="*,*">: 같은 크기의 가로로 나뉜 2개의 창
<FRAMESET ROWS="2*,*">: 2:1 크기의 가로로 나뉜 2개의 창
<FRAMESET ROWS="2*,*,*">: 2:1:1 크기의 가로로 나뉜 3개의 창

③ value: 나머지 하나는 픽셀 단위를 이용해서 만들 수 있다.

| 소 스 | 결 과 화 면 |
|---|---|
| <FRAMESET ROWS="200, *"><br>  <FRAME><br>  <FRAME><br></FRAMESET> | 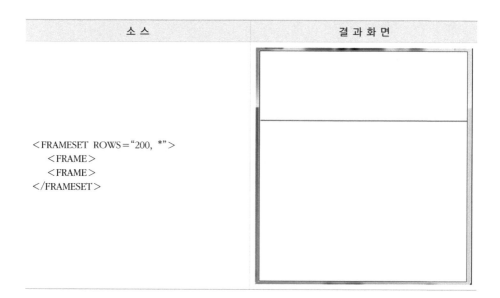 |

## (2) COLS: 창을 세로로 분할

COLS는 "창을 세로로 나눠라"라는 말이다. 창의 크기나 개수는 따옴표 속의 정의에 따른다. 따옴표 속의 창의 개수는 콤마로, 크기는 value로 나눠진다. value에는 세 가지가 있으나 자주 사용되는 두 가지는 다음과 같다.

| 소 스 | 결 과 화 면 |
|---|---|
| <FRAMESET COLS="200, *"><br>  <FRAME><br>  <FRAME><br></FRAMESET> | |

| 소 스 | 결 과 화 면 |
|---|---|
| <FRAMESET COLS="25%, 50%, *"><br>  <FRAME><br>  <FRAME><br>  <FRAME SCROLLING=NO><br></FRAMESET><br><br>📎**참고**<br>SCROLLING=NO는 스크롤바가 나타나지 않게<br>한다. | |

### (3) COLS 및 ROWS 중복사용: 창을 다중 분할

ROWS는 가로로 나누고, COLS는 세로로 나눈다. 따옴표속의 정의
는 마찬가지이다. 한 가지 고려해야 할 것은 가로로 먼저 나누느냐,
세로로 먼저 나누느냐에 따라 창틀을 드래그(Drag)할 때에 어느 쪽의
창이 종속이 되느냐가 결정되기 때문에 잘 생각해서 만들어야 한다.
또한, 가로든 세로든 먼저 나눈 <frameset>은 다른 하나를 포함해야
한다. COLS와 ROWS를 중복 사용하는 사례는 [그림 4-8]와 같다.

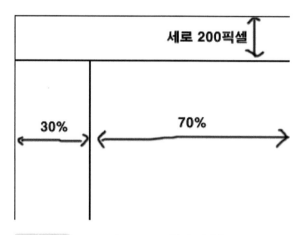

그림 4-8  ROWS와 COLS를 함께 사용한 프레임

| 소 스 | 결 과 화 면 |
|---|---|
| ```<frameset rows="200, *">`<br>`  <frame>`<br>`  <frameset cols="30%, 70%">`<br>`    <frame>`<br>`    <frame>`<br>`  </frameset>`<br>`</frameset>``` | |

## (4) 〈FRAMESET〉에서 사용하는 속성

<FRAMESET>에서 사용하는 속성들은 다음과 같다.

ⓐ cols: 세로 방향의 프레임을 나누고, 가로 너비 값을 픽셀이나 퍼센트로 설정한다.

ⓑ rows: 가로 방향의 프레임을 나누고, 세로 높이 값을 픽셀이나 퍼센트로 설정한다.

ⓒ frameborder: 프레임 테두리 보이기를 설정한다. 입력하지 않은 경우 "yes"로 자동 설정된다.

ⓓ border: 프레임 테두리의 굵기를 설정한다. 일반적으로 프레임 border는 값을 0으로 설정하여 눈에 보이지 않게 만드는데, 이는 하나의 웹 문서처럼 보이게 하기 위해서이다. border의 값을 5 이하로 주면 프레임 border가 보이지 않고, 따로 값을 지정하지 않으면 기본 값으로 인식하여 border가 보이게 된다.

ⓔ bordercolor: 프레임 테두리의 색상을 설정한다.

ⓕ framespacing: 프레임의 여백을 설정한다.

참고 <FRAMESET>의 속성으로 중요한 것은 cols, rows 및 border의 3가지로 정리할 수 있다. cols는 세로분할 혹은 수직분할, rows는 가로분할 혹은 수평분할, 그리고 border는 프레임 테두리의 굵기를 설정하게 된다(blog.naver.com/bigdra/140002451422, 2004.5.13.).

## (5) 〈FRAME〉에서 사용하는 속성

<frameset>으로 창을 나누었는데, 각 창에 대해 설정을 하기 위해서는 <frame>를 효과적으로 사용할 수 있어야 한다. <frame>은 당연히 <frameset>안에 자리를 잡아야 하고 속성(attribute)도 있다. 즉, src, name, marginwidth, marginheight, scrolling, noresize 등 6개이며, <frame>은 엔드태그(End Tag)가 없다.

① SRC: 보여줄 문서의 주소를 지정한다. 프레임이 없는 페이지에서의 홈페이지와 같다. 다른 점은 이것은 창 하나에 URL을 연결해 주는 것이라고 할 수 있다. 아래의 예제의 결과를 보면 각 창 하나에 하나의 URL이 연결되어 있다.

② NAME: 해당 프레임에 이름을 붙여준다. 프레임 기능을 제대로 활용하려면 이름을 정해야 한다. 예를 들어 위의 결과에서 A라는 이름의 창에 어떤 문서와 링크되어 있다고 할 때 그 링크된 페이지를 프레임내의 어떤 창으로 가져 오기 위해서 그 이름을 정해 준다.

③ MARGINWIDTH: 프레임 문서의 좌우 여백을 지정한다.

④ MARGINHEIGHT: 프레임 문서의 상하 여백을 지정한다.

⑤ SCROLLING: 스크롤바 유무를 지정할 수 있으며, yes(무조건 보여줌), no(나타나지 않음), auto(문서내용이 프레임 영역보다 클 때)가 있다.

⑥ NORESIZE: 사용자가 창의 크기를 조절하지 못하도록 고정시킨다. 프레임으로 창을 나눠 놓으면 창의 경계를 마우스로 드래그(Drag)하여 크기를 변경할 수 있다. 그 크기를 고정시키고 싶으면 NORESIZE를 넣어주면 된다.

## (6) 프레임(frame) 명령어의 활용 사례

위에서 설명한 프레임(frame)을 활용하여 간단한 HTML 문서를 만들어 볼 것이며, 그 실행결과도 제시할 것이다. 먼저, 아래 3개의 HTML 문서를 제2부의 [제3장 웹사이트의 개발을 위한 HTML명령어]에서 설명한 에디터플러스(EditPlus)를 활용하여 만든 후에 동일한 폴더 내에 각각 별도의 파일로 저장해야 한다.

① f.html 파일로 저장한다.

```
<html>
  <frameset ROWS="200, 400" border="10">
    <frame src="1.html">
    <frame src="2.html">
  </frameset>
</html>
```

② 1.html 파일로 저장한다.

```
<html>
<body>
  <img src="http://s8.tinypic.com/xqaquw_th.jpg">
</body>
</html>
```

③ 2.html 파일로 저장한다.

```
<html>
<body>
  <img src="http://s8.tinypic.com/fkuydt_th.jpg">
</body>
</html>
```

④ 실행 및 결과

에디터플러스(EditPlus)에서 [보기]−[브라우저로 보기(B)]−[브라우
저 1(B)]를 클릭하면, HTML 문서의 실행결과를 [그림 4−9]과 같이
확인할 수 있다(단축키: Ctrl+B). [그림 4−9]의 실행결과를 보면,
<FRAMESET>에서 속성 rows를 사용하여 웹브라우저 윈도우의 한
화면을 가로 방향의 프레임을 나누고, 세로 높이 값(200, 400)을 픽셀

로 설정하였다. 또한 가로로 나뉜 2개의 창에 이미지 호스팅 사이트에 등록되어 있는 이미지를 불러와서 각 창에서 보여주고 있다.

한편, 위의 예를 cols를 사용하여 세로 방향의 프레임으로 나눌 수도 있으며, <img src> 태그 대신에 <table> 태그 등과 같은 다양한 HTML 태그를 활용하여 여러 종류의 정보들을 제공할 수도 있을 것이다. 독자들은 에디터플러스(EditPlus)를 사용하여 다양한 실습을 해 볼 수 있을 것이다.

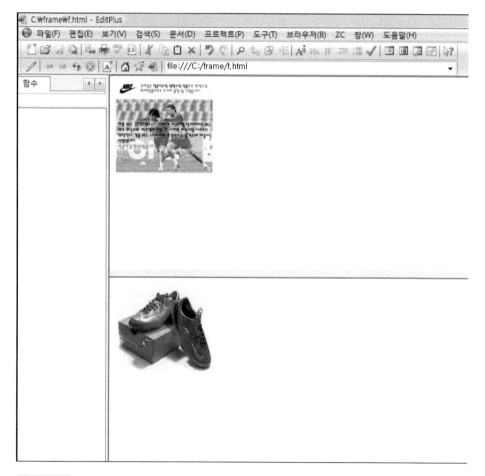

그림 4-9  프레임의 실행 결과

## 4. 출력방향을 프레임으로 지정하는 방법

### (1) 〈A〉 태그의 TARGET 속성

TARGET이라는 속성을 사용하게 되면 링크로 연결된 문서를 가져와 현재 윈도우나 프레임이 아닌 다른 곳에서도 볼 수가 있다. 즉, TARGET에서 지정한 윈도우나 프레임에서 결과를 볼 수 있는 것이다. 프레임의 경우에는 <FRAME> 태그에 NAME 속성으로 지정된 값이 곧바로 TARGET 속성에 지정된다.

[예] <a href="contents.html" target="main"> 콘텐츠 표시 </a>

### (2) HTML 예약어

TARGET에서 사용할 수 있는 예약어들은 다음과 같다.
① _self: 현재 창 혹은 현재 프레임 내부를 바꾼다.
② _parent: 이 창의 한 단계 위에 있는 부모창을 바꾼다.
③ _top: 모든 프레임을 무시하고 페이지 전체를 바꾼다.
④ _blank: 새 창, 링크를 누를 때 마다 계속해서 새로운 윈도우를 만든다.

## 5. IFRAME 태그

### (1) 〈IFRAME〉 태그란 무엇인가?

<IFrame>이란 inline frame이라고도 부르며, html 웹 문서 안에 또 다른 웹 문서를 넣을 수도 있고, 이미지 등을 넣을 수도 있는 기능이다. 즉, <iframe> 태그는 다른 웹 페이지의 콘텐츠를 삽입할 때에 사용된다(dev-chim.tistory.com, 2023.4.11.).

<iframe>은 <body>안에 자리를 잡아야 하고 속성(attribute)도 있다. 즉, SRC, NAME, WIDTH, HEIGHT, FRAMEBORDER, SCROLLING 등이 있다.

① SRC: iframe에 보여줄 문서의 주소를 지정한다.

② NAME: 해당 iframe에 이름을 붙여준다.

③ WIDTH: iframe의 너비를 지정(px, % 가능)한다.

④ HEIGHT: iframe의 높이를 지정(px, % 가능)한다.

⑤ FRAMEBORDER: 테두리의 두께를 지정(1(테두리 있음), 0(테두리 지우기))한다.

⑥ SCROLLING: 스크롤바 유무를 지정할 수 있으며, yes(무조건 보여줌), no(나타나지 않음), auto(자동)가 사용될 수 있다(aboooks. tistory.com/205).

⑦ allowfullscreen: <iframe> 내에서 전체 화면 모드를 사용할 수 있는지 여부를 지정한다(dev-chim.tistory.com, 2023.4.11.).

⑧ title: 웹 접근성을 위해 제목을 지정할 수 있다.

## (2) 〈IFRAME〉의 활용 사례

| 소 스 | 결 과 화 면 |
|---|---|
| <BODY><br> <br><A HREF=http://www.daum.net target=in><br>다음 </a>  \|<br><A HREF=http://www.kmu.ac.kr target=in><br>계명대 </a><br><br><br><br><IFRAME name=in><br></IFRAME><br> <br></BODY> | 다음 \| 계명대 |

## 6. Frame 명령어들의 사례

아래 프레임(frame) 명령어들이 웹브라우저 윈도우의 화면을 어떻게 분할을 하였는지에 대해 HWP 혹은 포토샵으로 직접 만들어 보는 것은 프레임(frame) 명령어들을 이해하는데 많은 도움이 될 수 있다.

### (1) Frame 명령어의 이해와 활용 1

```
<html>
<frameset rows="40%, 60%">
  <frame src="a.html">
<frameset cols="40%, 60%">
  <frame src="b.html">
<frameset rows="40%, 60%">
  <frame src="c.html">
  <frame src="d.html">
</frameset>
</html>
```

### (2) Frame 명령어의 이해와 활용 2

```
<html>
<frameset cols="40%, 60%">
  <frame src="a.html">
<frameset rows="40%, 60%">
  <frame src="b.html">
<frameset cols="40%, 60%">
  <frame src="c.html">
  <frame src="d.html">
</frameset>
</frameset>
</frameset>
</html>
```

## (3) Frame 명령어의 이해와 활용 3

```
<html>
<frameset rows="40%, 60%">
<frameset cols="40%, 60%">
  <frame src="a.html">
  <frame src="a.html">
  </frameset>
<frameset cols="40%, 60%">
  <frame src="b.html">
<frameset rows="40%, 60%">
  <frame src="c.html">
  <frame src="d.html">
</frameset>
</frameset>
</frameset>
</html>
```

## (4) Frame 명령어의 이해와 활용 4

```
<html>
<frameset rows="40%, 60%">
<frameset cols="40%, 60%">
<frameset rows="40%, 60%">
  <frame src="a.html">
  <frame src="b.html">
  </frameset>
  <frame src="b.html">
  </frameset>
<frameset cols="20%, 30%, 50%">
  <frame src="c.html">
<frameset rows="40%, 60%">
    <frame src="c.html">
    <frame src="c.html">
```

```
</frameset>
<frameset rows="40%, 60%">
<frameset cols="40%, 60%">
  <frame src="d.html">
  <frame src="e.html">
</frameset>
  <frame src="f.html">
</frameset>
</frameset>
</frameset>
</html>
```

## (5) Frame 명령어의 이해와 활용 5

```
<html>
<frameset rows="40%, 60%">
<frameset cols="40%, 60%">
<frameset rows="40%, 60%">
  <frame src="a.html">
<frameset cols="40%, 60%">
  <frame src="d.html">
  <frame src="e.html">
</frameset>
</frameset>
<frame src="b.html">
</frameset>
<frameset cols="20%, 30%, 50%">
  <frame src="c.html">
<frameset rows="40%, 60%">
    <frame src="c.html">
    <frame src="c.html">
</frameset>
<frameset rows="40%, 60%">
<frameset cols="40%, 60%">
```

```
      <frame src="d.html">
      <frame src="e.html">
</frameset>
      <frame src="f.html">
</frameset>
</frameset>
</frameset>
</html>
```

# 17

# 기타 유용한 HTML 명령어

## 1. FIELDSET을 활용하여 글상자를 만들기

글상자를 만들어서 사용하면 보기가 좋은데, 아래의 명령어들을 활용하면 된다. 특히 FIELDSET 내에서는 4곳의 green 대신에 선의 색깔로 사용하고 싶은 색깔의 영어단어 혹은 포토샵의 색상 피커에 있는 값(# 옆의 기호, 제5장의 [6. HTML 문서의 배경 및 전경 바꾸기]를 참조) 및 선의 굵기를 표시하는 3px 대신에 다른 값을 입력하면 된다. 즉, 글상자를 만들기 위해 사용하는 4개 선의 색깔 및 굵기를 변경하여 사용하면 된다.

    ⓐ 4곳에서 선의 색깔을 지정

    ⓑ 4곳에서 선의 굵기를 지정

① 글상자를 만드는 HTML 명령어

```
<FIELDSET style="BORDER-RIGHT: green 3px solid; PADDING-
RIGHT: 4px; BORDER-TOP: green 3px solid; PADDING-LEFT: 4px;
PADDING-BOTTOM: 4px; BORDER-LEFT: green 3px solid; WIDTH:
100%; PADDING-TOP: 4px; BORDER-BOTTOM: green 3px solid;
HEIGHT: 51px">

<TABLE width="100%" bgColor=white>
<TR>
  <TD>
```

```
· · · html 명령어를 넣는다 · · ·
      </TD>
   </TR>
   <TR>
     <TD bgColor=white>
· · · html 명령어를 넣는다 · · ·
      </TD>
   </TR>
   </TABLE>
   </FIELDSET>
```

② 실행결과

&lt;FIELDSET&gt; 태그를 사용하여 글상자를 만드는 HTML 명령어의 실행결과는 [그림 4-10]과 같은데, 3픽셀(3px) 두께의 그린색(green) 4개가 사용되어 한 개의 글상자가 만들어진 것을 볼 수 있다. 홈페이지를 개발할 때에 첫 페이지에서 중요한 내용을 공지할 때에는 글상자를 사용하는 것이 효과적이라고 할 수 있다.

```
••• html 명령어를 넣는다 •••
••• html 명령어를 넣는다 •••
```

그림 4-10  글상자의 실행결과

위에서 TABLE 명령어 옆에 있는 bgColor=white는 전체 테이블의 배경색을 흰색으로 하라는 의미이며, bgColor 명령어는 아래와 같이 사용할 수 있다.

① &lt;TABLE bgColor=yellow&gt;: 전체 테이블(table)의 배경색을 지정한다.
② &lt;TR bgColor=yellow&gt;: 특정 줄(row)의 배경색을 지정한다.
③ &lt;TD bgColor=yellow&gt;: 특정 칸(column)의 배경색을 지정한다.

참고 FIELDSET 태그의 속성(웹이즈프리닷컴, 2016. 7. 1.)

① disabled: 해당하는 그룹을 모두 disable할 수 있음

② form: 원하는 form을 선택할 수 있음

③ name: 원하는 name 속성을 선택할 수 있음

## 2. COLSPAN 및 ROWSPAN 명령어의 활용

테이블(TABLE)에서 특정 가로 줄 혹은 세로 줄의 일부를 합치는 경우에는 COLSPAN 및 ROWSPAN 명령어를 사용해야 한다.

① COLSPAN: colspan은 가로 줄을 묶는 기능인데, 바로 옆에 있는 칸을 합치게 된다. 예를 들어, colspan='2'는 셀 두 개가 하나로 합쳐지게 되며, colspan='3'는 셀 세 개가 하나로 합쳐지게 된다.

② ROWSPAN: colspan이 가로 줄을 합친다면, rowspan은 세로를 합치는 기능이다. 예를 들어, rowspan='2'는 위 아래의 두 칸을 하나로 합치게 되며, rowspan='3'는 위 아래의 세 칸을 하나로 합치게 된다.

| 소 스 | 결 과 화 면 |
|---|---|
| <TABLE border=1><br><TR><br><TD width=100 height=100 COLSPAN=2> 1 </TD><br></TR><br><TR><br><TD width=100 height=100> 3 </TD><br><TD width=100 height=100 ROWSPAN=2> 4 </TD><br></TR><br><TD width=100 height=100> 5 </TD><br></TR><br></TABLE> | 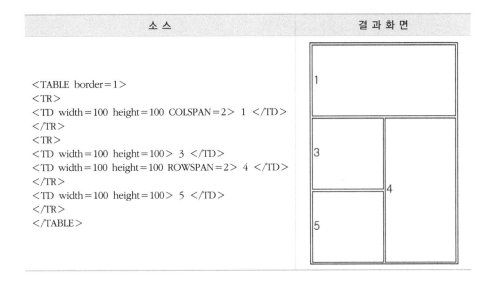 |

☞ 뉴비즈니스연구소(cafe.daum.net/isoho2jobs)의 [창업강의실＋실습교육]
게시판에 있는 HTML 명령어들을 이용하여 스스로 공부하면 되며, 특히
81－82번의 ＜FIELDSET＞을 활용한 사례를 활용하면 온라인 홍보 및 광고
를 진행하는데 많은 도움이 될 것이다.

# 포토샵 및 HTML을 활용한 웹사이트의 개발 및 운영

제5부에서는 앞에서 설명한 다양한 포토샵, HTML 명령어 및 이미지 호스팅 사이트(image hosting site)에 대한 실무지식을 종합적으로 활용하여 기업의 홍보뿐만 아니라 경영성과 향상을 위한 다양한 웹사이트의 개발 및 운영에 대해 종합적으로 설명할 것이다. 특히 제1부에서 설명한 것을 포함하여 아래와 같이 방법으로 기업의 홍보를 위한 웹사이트의 개발 및 운영이 가능하다.

① 윅스(wix)를 활용한 웹사이트의 개발 및 운영
② 티스토리(tistory)를 활용한 웹사이트 의 개발 및 운영
③ 구글 사이트 도구를 활용한 웹사이트의 개발 및 운영
④ 네이버 블로그를 활용한 웹사이트의 개발 및 운영
⑤ 구글 블로그를 활용한 웹사이트의 개발 및 운영
⑥ 기타 전통적인 방법에 의한 웹사이트의 개발 및 운영

# 1

# 구글 사이트 도구를 활용한 웹사이트의 개발 및 운영

## 1. 구글 사이트 도구란 무엇인가?

2008년에 전 세계의 38개 언어를 지원하면서 개발된 구글 사이트 도구(Tools for Google sites)는 별도의 프로그램을 사용하지 않고도 온라인(on-line)에서 홈페이지를 만들 수 있도록 해 주는 서비스이며, 기업의 홍보, 광고 및 상품판매를 위한 웹 사이트(web site)를 개발하여 운영할 수 있다. 또한 교육 분야에서 구글 사이트 도구는 온라인 교육의 효율적인 진행을 위한 수업 플랫폼에 쉽게 접속할 수 있도록 하기 위한 사이트의 개발에도 적극 활용되고 있으며(베리타스알파, 2020.4.8.), 윅스(WIX), 네이버 모두, 워드프레스와 더불어 무료 홈페이지를 만들 수 있는 방법이라고 할 수 있다(블루래더, 2022.06.20.).

하지만, 구글 사이트 도구를 활용하여 웹 사이트를 효과적으로 만들기 이해서는 아래에 대한 기본 실무지식이 필요하다.

① 포토샵으로 이미지를 만들 수 있는 실무지식
② HTML 명령어를 효과적으로 사용할 수 있는 실무지식
③ 이미지 호스팅 사이트의 활용에 대한 실무지식

사실, 위의 3가지에 대한 실무지식이 없어도 구글 사이트 도구만을 활용하여 웹 사이트(web site)를 개발하여 운영하는 것이 가능할 수도 있지만, 홍보를 위한 웹 사이트를 개발하고 운영하기 위해서는 반드시 필요한 실무지식이다.

참고  웹 사이트 빌더(Website Builder)

전문 지식이나 프로그램 언어를 몰라도 누구나 멋진 홈페이지를 만들 수 있으며, 비용을 지불하지 않고도 쉽게 웹 사이트를 구축할 수 있는 서비스를 말한다(투피쉬, 2021.06.08.).

① 구글 사이트 도구(sites.google.com)

② 윅스(ko.wix.com)

③ 네이버 모두(www.modoo.at)

④ 아임웹(imweb.me)

## 2. 로그인(login)하기

[사이트 도구 가입하기]를 클릭하여 기존 이메일 주소를 아이디로 사용할 수도 있지만, gmail(구글 메일, gmail.google.com)에 가입 한 후에 아이디로 사용하는 것이 필요하다. 따라서 Google 사이트 도구로 이동하기 전에 구글 메일을 먼저 만들어야 한다.

## 3. Google 사이트 도구로 이동하기

구글 사이트 도구를 처음 사용하는 경우에는 아래의 ① 및 ②로 접속하여 본인이 홍보하고 싶은 웹 사이트를 만들 수 있는데, [그림 5-1]에서 [Start a new site]를 클릭하여 진행하면 된다.

① 웹 사이트 주소(https://sites.google.com)

② 웹 사이트 주소(https://sites.google.com/new)

③ 홈페이지 개발 사례(https://sites.google.com/view/onoffbusiness)

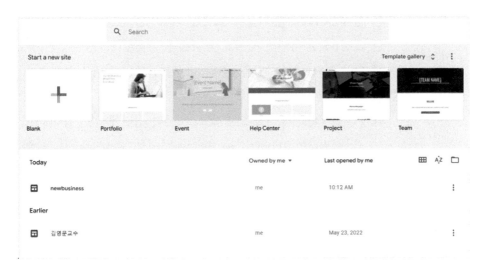

그림 5-1  구글 사이트 도구

## 4. 웹 사이트를 만들기

구글 사이트 도구로 새로운 웹 사이트를 만들기 위해서는 아래의 순서로 진행하면 된다.

① 사이트 헤더(header) 꾸미기

ⓐ Enter site name(사이트 제목): 전체 홈페이지의 제목을 입력할 수 있으며, 수업시간의 실습에서 개발 및 운영할 때에는 학생의 이름(학번)을 입력할 수도 있다.

ⓑ Your page title(페이지 제목): 페이지의 제목을 입력하면 되며, 오른쪽에 있는 [Pages]에서 (+)를 클릭하여 [Home] 외에 여러 개의 페이지(메뉴)를 추가하는 경우에는 사이트 제목과 페이지 제목 잘 구분하여 입력하는 것이 필요하다.

ⓒ 로고(logo) 추가: 설정(Settings) – 브랜드 이미지(Brand images)에서 기업의 로고(logo)를 추가할 수 있는데, 아래의 3가지를 고려하는 것이 필요하다.

㉮ 높이가 112픽셀 이상인 포토샵 이미지를 사용한다.

㉯ 로고(logo) 주변의 불필요한 여백을 삭제한다.

㉰ jpg, .png, .gif 파일을 선택하고 열기 또는 선택을 클릭한다.

② publish(사이트 위치, 사이트 주소)

ⓐ [Your page title]을 입력하고, 오른편 상단에 있는 [publish]을 클릭하여 [Publish to the web]에서 Web address를 입력한 후에 [Publish]를 클릭한다.

ⓑ 아래의 [URL(인터넷상에서의 위치) 이름을 생성]에서 자세하게 설명하고 있다.

③ 테마(Themes) 선택: 오른쪽 상단에 있는 테마(Themes)를 클릭한 후에 선택하면 되는데, [Create theme]를 선택하여 직접 만들거나 [import theme]을 클릭하여 기존에 만든 테마를 등록할 수도 있다.

④ 옵션 더 보기(More, 점3개): 오른쪽 상단에 있는 [옵션 더 보기]를 클릭하면, 추가적인 메뉴들을 확인할 수 있다.

ⓐ Version history

ⓑ Make a copy

ⓒ Report a problem

ⓓ Privacy Policy

ⓔ Terms of Service

ⓕ Help

ⓖ Take a tour

한편, 구글 사이트 도구를 사용하여 웹 사이트를 만들기(Start a new site)를 할 때에는 위에서 설명한 ① 및 ②만 먼저 진행하며, 그 외에는 나중에 진행해도 된다.

## 5. 홈페이지 편집 화면으로 이동하기

① Google 사이트 도구(sites.google.com)에서 로그인한 후에 홈페이지 목록 중에서 자신이 편집하고자 하는 홈페이지의 이름을 클릭하여 편집한다. 이를 위해서는 위에서 설명한 웹 사이트를 만들기(Start a new site)에서 ① 및 ②만 진행한 것 중에서 선택하면 된다.

② 오른쪽 상단에 있는 [insert]−[Embed]를 클릭하여 다양한 HTML 명령어를 입력할 수 있으며, 이미지 호스팅(image hosting) 사이트의 활용도 얼마든지 가능하다.

한편, 포토샵으로 만든 이미지들은 이미지 호스팅 사이트에 등록한 후에 홍보, 광고 혹은 상품판매를 위해 활용할 수 있는데, 이미지 호스팅 사이트는 매월 1−3만원을 지불하고 사용하는 유료 사이트들이 많다. 다음(Daum) 혹은 네이버(Naver) 등과 같은 포털사이트에서 이미지 혹은 호스팅 사이트를 검색하면 쉽게 찾을 수 있으며, 제1장에서 설명한 [3. 포토샵 이미지를 서버에 등록하기]를 참고하면 된다.

> **참고** 편집 화면에 있는 7개 메뉴
> 편집화면에 있는 메뉴들은 아래와 같다([그림 5−2] 참고). 특히 구글 사이트 도구를 활용하여 홈페이지를 만드는 과정에서 Preview(미리보기)를 활용하여 가끔 개발상황을 확인하는 것이 필요하다.
> ⓐ Undo last action
> ⓑ Redo last action
> ⓒ Preview(미리보기)
> ⓓ Copy published site link
> ⓔ Share with others
> ⓕ Settings
> ⓖ More(점3개, 옵션 더 보기)

**그림 5-2**  편집 화면에 있는 메뉴

## 6. URL(인터넷상에서의 위치) 이름을 생성

기업의 홍보, 광고 및 상품판매를 위한 목적으로 개발하는 홈페이지의 주소를 생성하기 위해서는 [publish]−[Publish to the web]에서 Web address를 입력하여 URL(인터넷상에서의 위치) 이름을 생성하면 되는데, 웹 사이트를 만들기(Start a new site)에서 첫 페이지에서 보이는 [Your page title]을 입력한 후에 바로 할 수도 있다.

[예] https://sites.google.com/view/onoffbusiness

한편, 위와 같이 생성된 홈페이지의 주소는 도메인 포워딩을 통하여 일반 도메인처럼 단순하게 될 수 있다. 여기에서 도메인 포워딩(domain forwarding)이란 특정 인터넷주소(URL)를 다른 주소로 연결하여 한 사이트를 두개의 주소로 공유할 수 있도록 해주는 서비스를 말한다(한국경제, 2000.8.23.). 예를 들어, 아래에 소개하는 도메인 구매사이트들을 통해서 도메인 포워딩을 활용하여 www.onoffbusiness.co.kr 등과 같은 인터넷주소로 연결(link)시킬 수 있다.

① 아이네임즈(ir.inames.co.kr)

② 후이즈(domain.whois.co.kr)

③ 가비아(domain.gabia.com)

④ 예스닉(www.yesnic.com)

## 7. 페이지(메뉴)의 추가

오른쪽 상단에 있는 [Pages]에서 (+)를 클릭하여 [Home] 외에 3-5개의 페이지(메뉴)를 추가할 수 있는데, 기업의 홍보를 위한 홈페이지를 만든다고 생각하면 다음과 같은 페이지(메뉴)를 만들 수 있다.

① 회사 소개: 어떤 기업인가에 대해 설명한다.

② 제품 소개: 기업에서 생산하거나 판매하는 상품을 소개할 수 있다.

③ 상품 구매: 상품을 직접 판매하거나 구매할 수 있는 외부 사이트(external site)로 링크(link)시킨다.

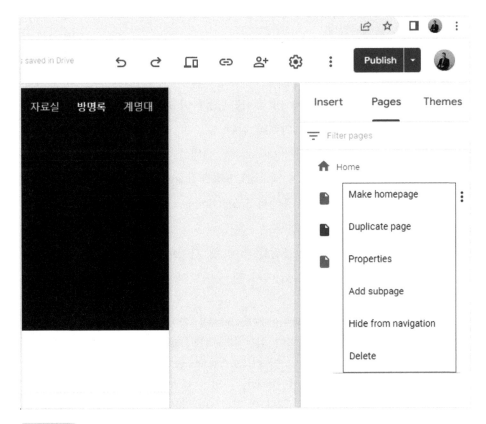

그림 5-3　subpage 추가하기

④ 고객센터: 고객과의 연락 혹은 상담을 할 수 있다.

⑤ 제휴와 협력: 기업과 제휴 혹은 협력을 할 수 있는 정보를 제공한다.

⑥ 홍보 영상: 기업 홍보를 위한 동영상(UCC)을 웹 사이트(web site)에 직접 삽입하거나 유튜브(Youtube)에 등록되어 있는 기업 홍보 동영상으로 링크(link)시킨다.

⑦ 기타: 기업 홍보를 위한 부가적인 정보를 제공한다.

또한 추가한 페이지(Pages)의 오른쪽 옆에 있는 점3개를 클릭하면 보이는 [Add subpage]를 활용하여 하위페이지(subpage)를 만들 수 있다([그림 5-3] 참고). 아울러, 테마(Themes)를 선택하여 디자인을 깔끔하게 할 수 있다.

한편, [Insert]에 있는 Content blocks 혹은 레이아웃(Layouts)은 특정 페이지의 구조를 짜주는 역할을 하며, 이미지와 텍스트를 입력할 수 있다. 또한 Content blocks을 활용하여 특정 페이지(Pages)를 꾸밀 수 있는데, 그 절차는 아래와 같다.

① 한 개의 레이아웃(Layouts)을 선택한 후에 아이콘 가운데 있는 [ + ]를 클릭하여 Upload, Select image, From Drive, YouTube, Calendar, Map 중에서 Select image를 클릭하여 이미지를 업로드(Upload)하고

② [Insert Link]를 클릭한 후에 웹 사이트 주소를 입력한 후에

③ [Click to edit text]에서 웹 사이트의 이름을 입력하면 된다.

> **참고** Content blocks 혹은 레이아웃(Layouts)을 활용하여 특정 페이지(Pages)를 꾸미는 것은 오른쪽 상단에 있는 [insert]-[Embed]를 클릭한 후에 HTML 명령어, 포토샵 이미지 및 이미지 호스팅(image hosting) 사이트를 활용하여 만들 수도 있다. 아울러 [Insert]에 있는 Content blocks 혹은 레이아웃(Layouts)을 활용하는 것 보다 더 차별성이 있으면서 홍보 효과가 높도록 만들 수 있다는 장점이 있다.

**참고**  공지사항의 설정

설정(Settings)-[Announcement banner]에서 공지사항을 설정할 수 있다.

**참고**  Insert 메뉴에 있는 유용한 기능

① image carousel(이미지 캐러셀): 여러 장의 이미지를 등록한 후에 사진을 넘겨 볼 수 있는 화면을 구성할 수 있다.

② Button(버튼): 링크(link)를 걸 수 있는 버튼을 만들 수 있다.

## 8. 콘텐츠 등록 및 링크(link) 삽입하기

구글 사이트 도구를 활용하여 다양한 콘텐츠를 등록하는 것뿐만 아니라 홍보, 광고 및 상품판매를 위한 웹 사이트(web site)를 개발하여 운영할 때에 링크(link) 삽입하기는 아래와 같은 세 가지의 목적을 위해 유용하게 활용할 수 있다.

첫째, HTML 명령어, 포토샵 이미지 및 이미지 호스팅 사이트(image hosting site)를 종합적으로 활용하여 다양한 콘텐츠(contents)를 등록 및 제공할 수 있다.

둘째, 구글 사이트 도구를 활용하여 개발한 웹 사이트(web site)에 다양한 외부 사이트들을 링크(link)시켜서 더욱 더 확장되고 연계된 정보를 제공할 수 있다. 특히 제1부에서 설명한 다양한 외부사이트들을 링크시켜서 경영성과를 향상시킬 수 있는 웹사이트의 개발 및 운영이 가능하다.

셋째, 이미지 호스팅 사이트(image hosting site)를 활용하게 되면, 구글 사이트 도구를 활용하여 개발한 웹 사이트(web site) 자체에서도 상품의 홍보뿐만 아니라 외부 사이트(external site)를 활용한 상품판매도 얼마든지 할 수 있다. 즉, 전자상거래 혹은 인터넷쇼핑몰의 개발 및 운영도 얼마든지 가능하다.

한편, 링크(link)는 텍스트 혹은 이미지 링크로 구분할 수 있는데, 구체적으로 살펴보면 4가지로 구분할 수 있다.

## (1) 텍스트 링크를 삽입하기

① [Insert]－[Text box]를 클릭한 후에 링크시키고자 하는 웹 사이트 이름을 입력한 후에

② 바로 위에 있는 메뉴 중에서 [Insert Link]를 클릭하여 웹 사이트 주소를 입력하고 [Apply]를 클릭한 후에 [Publish]를 클릭한다.

③ 상단에 있는 [Preview]를 클릭하여 제대로 입력이 되었는지를 확인한다.

④ [Draft][Currently published] 화면에서 최종 확인 후에 다시 [Publish]를 클릭한다.

## (2) 이미지 링크를 삽입하기

① 이미지를 삽입한 후에 링크를 걸기 위해서는 [Insert]－[images]를 클릭한 후에 이미지를 [Upload] 시키고 이미지의 크기를 조정한 후에

② 바로 위에 있는 메뉴 중에서 [Insert Link]를 클릭한 후에 웹 사이트 주소를 입력하고 [Apply]를 클릭한 후에 오른쪽 상단에 있는 [Publish]를 클릭한다.

③ [Draft][Currently published] 화면에서 최종 확인 후에 다시 [Publish]를 클릭한다.

## (3) Embed를 활용한 텍스트 혹은 이미지 링크를 삽입하기

① [Insert]－[Embed]를 클릭한 후에 [Embed from the web]－[Embed code]에서 HTML 명령어를 입력하면 된다. HTML 명령어를 입력한 후에는 [Next]－[Insert]를 클릭한 후에 HTML 명령어의 위치를 조정하는 것이 필요하며, 이후 상단에 있는 [Preview]

를 클릭하여 제대로 입력이 되었는지를 확인한다.

② [Exit preview]를 클릭한 후에 오른쪽 상단에 있는 [Publish]를 클릭한다.

③ [Draft][Currently published] 화면에서 최종 확인 후에 다시 [Publish]를 클릭한다.

④ [Edit]를 활용하여 수정 혹은 추가한 후에는 [Next]-[Save]를 클릭한다. 또한 [Preview]를 클릭하여 제대로 입력이 되었는지를 확인하고 [Publish]를 클릭하여 [Draft][Currently published] 화면에서 최종 확인 후에 다시 [Publish]를 클릭하면 된다.

## (4) 다양한 외부 사이트들에 대한 링크(link)를 삽입하기

위에서 설명한 [Text box], [images] 그리고 [Embed]를 종합적으로 활용하게 되면, 링크(link) 삽입하기의 차원을 넘어서 다양한 종류의 콘텐츠(contents)를 등록할 수도 있으며 아울러 홍보, 광고 및 상품판매를 위한 웹 사이트(web site)를 외부의 여러 사이트들과도 연계 혹은 연동시켜서 운영할 수도 있다. 예를 들어, [(7) 페이지(메뉴)의 추가]에서 설명한 다양한 메뉴들의 경우에는 아래와 같은 외부 사이트(external site)들을 활용하여 개발하고 운영하는 것도 얼마든지 가능하다.

① 기업의 홍보를 위한 동영상(UCC)들은 곰믹스(GOM Mix)를 활용하여 만든 후에 유튜브(YouTube)에 등록할 수 있으며, [Textbok], [images] 혹은 [Embed]를 활용하여 유튜브(YouTube)에 등록되어 있는 동영상(UCC)에 접속할 수 있는 링크(link)를 제공할 수 있다.

② 기업에서 생산하거나 판매하고 있는 상품들은 옥션의 스토어(store), G마켓의 미니샵(minishop) 혹은 eBay의 스토어(store)에 등록한 후에 구글 사이트 도구를 활용하여 개발한 기업의 홈페이지에서 링크(link)를 제공할 수 있다. 또한 구글 사이트 도구를 활용하여 전자상거래 혹은 인터넷쇼핑몰의 메인 화면처럼 만든

후에 특정 상품이미지를 클릭하면, 옥션의 스토어(store), G마켓의 미니샵(minishop) 혹은 eBay의 스토어(store)의 상품구매 페이지로 링크(link)시켜서 상품구매 및 결제를 하도록 만들 수 있다.

③ 기업에서 페이스북(www.facebook.com), 밴드(band.us), 카페(cafe), 인스타그램(www.instagram.com), 트위터(twitter.com) 등 다양한 SNS를 활용하여 홍보 및 상품판매를 하는 경우에도 [Textbok], [images] 혹은 [Embed]를 활용하여 링크(link)를 제공할 수 있다.

④ 기업에서 다음(Daum), 네이버(Naver) 혹은 구글(Google)에 블로그(blog)를 개설하여 다양한 정보를 제공하는 경우에도 [Textbok], [images] 혹은 [Embed]를 활용하여 링크(link)를 제공할 수 있다.

⑤ 그 외에도 구글 사이트 도구를 활용하여 개발한 웹 사이트(web site)에서 제공하지 못하는 기능을 보다 효과적으로 제공할 수 있는 외부 사이트(external site)를 활용하게 되면, 기업의 홍보, 광고 및 상품판매를 위한 사이트는 여러 개가 될 수 있기 때문에 기업의 경영성과는 더욱 향상될 수 있을 것이다.

요약하면, 구글 사이트 도구를 메인페이지 혹은 시작페이지로 활용하여 기업에서 홍보, SNS 활동 및 상품판매를 위해 개발하고 운영하고 있는 다양한 사이트들을 HTML 명령어를 활용하여 연계 및 연동시키면 된다.

참고  콘텐츠 등록하기

위에서는 링크(link) 삽입을 활용한 콘텐츠 등록에 대하여 설명을 했는데, 링크(link)를 삽입하지 않는 아래의 방법으로도 다양하고 풍부한 콘텐츠를 등록할 수 있다.

① 텍스트(text) 등록: 삽입(Insert) - 텍스트 상자(Text box) - 텍스트 입력
② 이미지(image) 삽입을 활용한 콘텐츠 등록
③ Embed를 활용한 콘텐츠 등록

## 9. 로고(logo) 등록하기

로고(logo)는 상품에서는 상표(trade mark)와 같은 역할을 하는데, 회사 혹은 조직을 나타내는 특별한 디자인으로 된 상징을 말한다. 이에 따라 로고는 상표와 유사하게 기호·문자·도형 또는 이들을 결합한 것으로 만들게 된다.

① 오른쪽 상단의 설정(Settings)을 클릭한다.

② '설정' 창에서 브랜드 이미지(Brand images)로 이동한다.

③ '로고(Logo)' 섹션에서 업로드(Upload) 또는 선택(Select)을 클릭한다.

④ .jpg, .png, .gif 파일을 선택하고 열기를 클릭한다.

⑤ 오른쪽 상단에서 게시(Publish)를 클릭한다.

⑥ 상단에 있는 Preview를 클릭하여 로고(logo)가 등록되었는지 확인한다.

## 10. 홍보 동영상(UCC) 삽입하기

기업에서 홍보를 위해 제작한 동영상(UCC)은 구글 사이트 도구를 활용하여 개발한 웹 사이트(web site)에 다음과 같은 방법으로 삽입할수 있다.

① Embed 메뉴를 선택하여 웹 사이트(web site)에 직접 삽입할 수 있다. 하지만, 기업에서 홍보 혹은 상품판매를 위해 제작한 동영상(UCC)의 수가 많은 경우에는 웹 사이트(web site)의 공간을 많이 사용해야 한다는 단점이 있다.

② 위에서 설명한 [텍스트 링크를 삽입하기] 혹은 [이미지 링크를 삽입하기]를 활용하여 유튜브(Youtube)에 등록되어 있는 동영상

에 대한 링크(link)를 삽입할 수 있다.

한편, [Insert]-[Embed] 메뉴를 선택하여 기업 홍보를 위한 동영상(UCC)을 웹 사이트(web site)에 삽입하는 절차는 다음과 같다.

① 유튜브(Youtube)에 등록되어 있는 동영상에서 공유(Share)를 클릭한 후에 주소를 복사(Copy)한다.

② 구글 사이트 도구의 편집모드로 들어가서 동영상을 삽입하고자 하는 빈 곳을 클릭한 후에 삽입(Insert) 메뉴에서 Embed 메뉴를 선택히고, 다시 By URL을 선택한 후에 동영상의 주소를 복사해 넣도록 한다.

③ Insert를 클릭한 후에 동영상의 크기 및 동영상을 보여줄 위치를 조정하고 상단에 있는 Preview를 클릭하여 확인하고 오른쪽에 있는 Exit Preview를 클릭([그림 5-4] 참고)한 후에 [Draft] [Currently published] 화면에서 최종 확인 후에 다시 [Publish]를 클릭하면 된다.

그림 5-4  Exit Preview

참고  네이버 TV(tv.naver.com) 및 카카오TV(tv.kakao.com)에도 기업의 홍보 동영상을 등록한 후에 HTML명령어를 활용하여 링크시킬 수 있는데, 저자가 운영하고 있는 채널을 소개하면 다음과 같다.

ⓐ 네이버 TV(tv.naver.com/isoho2jobs)

ⓑ 카카오TV(tv.kakao.com/channel/4379091/video)

## 11. 구글 지도의 삽입

기업 홍보를 위한 웹 사이트에서 회사의 위치를 알려줄 때에는 구글 지도를 삽입하는 것이 좋은데, 그 절차는 아래와 같다.

① 삽입(Insert) 메뉴의 아래에 있는 Map을 선택한 후에

② [Select a map]에서 찾고자 하는 지역의 검색어를 입력(Enter a location)하여

③ 원하는 지역의 지도를 찾은 후에 [Select] 버튼을 클릭한다.

④ 마우스를 활용하여 지도의 크기를 조정한 후에 오른쪽 상단에 있는 [Publish]를 클릭한 후에 [Draft][Currently published] 화면에서 최종 확인 후에 다시 [Publish]를 클릭한다.

## 12. 구글 사이트 도구의 저장 용량

구글 사이트 도구를 사용할 때 사용할 수 있는 저장 용량은 다음과 같으며, 용량이 많지 않기 때문에 구글 사이트에 홍보하고 싶은 콘텐츠를 직접 등록하지 말고 다양한 외부사이트에 등록한 후에 HTML 명령어를 활용하여 링크(link)를 제공하는 것이 필요하다.

① 사이트 크기: 최대 100MB

② 첨부파일 크기: 최대 20MB

## 13. 구글에서 제공하는 다양한 기능 찾아보기

사이트 도구 고객센터(support.google.com/sites#topic=7184580)에는 아래와 같이 크게 5가지의 내용을 제공하고 있는데, 각 메뉴별로 다양

한 내용을 추가적으로 제공하고 있다.

### (1) Google Sites 시작하기

① Google Sites 사용 방법
② 사이트 만들기, 이름 지정, 복사하기
③ 사이트 디자인 변경하기
④ 사이트 삭제 또는 복구하기
⑤ 사이트 변경사항 보기
⑥ 새 Sites와 기존 Sites 비교하기
⑦ Google Sites를 이용하려면 무엇이 필요한가요?
⑧ Google 사이트 도구의 새로운 기능 알아보기

### (2) 만들기

① 사이트 만들기, 이름 지정, 복사하기
② 페이지 추가, 삭제, 정리하기

### (3) 수정, 공유, 게시

① 텍스트 및 이미지 추가 또는 수정하기
② 공지사항 배너 추가 및 수정하기
③ Google 파일, 동영상 및 기타 콘텐츠 추가
④ 사이트 디자인 변경하기
⑤ 사이트 삭제 또는 복구하기
⑥ 사이트 게시 및 공유하기
⑦ 게시 전 사이트의 최근 변경사항 검토
⑧ 다른 사용자가 사이트를 수정할 수 있도록 초대하기
⑨ 기존 사이트 도구에 가젯, 스크립트 등 추가
⑩ 사이트에 맞춤 도메인 사용하기

## (4) 분석, 접근성 및 문제해결

① 사이트에 애널리틱스 사용하기

② 사이트 접근성 개선하기

③ 스크린 리더로 Google Sites 사용

④ Google Sites용 단축키

⑤ Google Sites 문제 해결하기

⑥ Google 사이트 도구(기본) 프로그램 정책

⑦ Google 문서, 스프레드시트, 프레젠테이션, 드로잉, 사이트 도구, 드라이브, 설문지, Jamboard에서 데이터 내보내기

## (5) 기존 Sites를 새 Sites로 이전

① 기본 사이트 도구를 새 사이트 도구로 변환하기

② 기존 사이트를 새 사이트로 전환하지 않으면 어떻게 되나요?

③ 사이트 전환 시 예상할 수 있는 사항

④ 새 Sites와 기존 Sites 비교하기

⑤ 기본 사이트 도구 분석 및 관리하기

**참고** 구글 사이트 도구의 활용에 관한 자료 링크(link)

① 구글 사이트 도구 콘텐츠 삽입하기
   (blog.naver.com/joosketch/222603883448)

② Google 사이트 도구 매뉴얼(goo.gl/zi8UYr)

## YouTube 채널 : 맛따라 · 길따라 · 창업

유튜브(YouTube)에 등록되어 있는 [구글 사이트 도구를 활용한 웹사이트의 개발 및 운영]과 관련된 동영상 강좌는 [열정김선생 TV(www.youtube.com/@tv2785)] 채널에서 아래와 같이 확인할 수 있으며, 유튜브에서 [구글 사이트 도구]를 활용하여 홍보사이트 만들기와 관련된 다양한 동영상들을 검색할 수 있다.

① 구글 사이트 특징과 수업적용
② 구글 사이트 활용사례
③ 구글 사이트 만들기
④ 구글 사이트 게시와 공유
⑤ 구글 사이트에 실시간 게임, 그리기, 방명록, 낙서판 만들기
⑥ 미리캔버스 이미지로 구글사이트 꾸미기
⑦ 구글 사이트에 음악과 영상 업로드하기
⑧ 구글 사이트와 내 SNS 주소 연결하기

# 12 네이버 블로그를 활용한 웹사이트의 개발 및 운영

## 1. 홈페이지형 블로그의 개요

블로그 중에는 홈페이지형 블로그가 있는데, 홈페이지형 블로그는 홈페이지와 블로그의 합성어로 홈페이지 느낌이 있는 디자인의 블로그 혹은 창업기업의 홈페이지와 같이 사용할 수 있는 블로그(blog)를 말한다. 또한 홈페이지형 블로그는 블로그를 활용하여 홈페이지와 같은 기능을 가진 웹사이트를 개발하고 운영한다는 측면에서 홈페이지형 웹사이트라고도 할 수 있으며, 기존 홈페이지에 비해 상대적으로 가격이 저렴하고 관리가 쉽다는 것이 홈페이지형 블로그의 가장 큰 장점이다(브릿지경제, 2017.8.9.).

또한 홈페이지형 블로그는 홈페이지 대용으로 사용 가능한 고급형 블로그를 의미하는데(data-flow.co.kr/marketing/homeblog), 홈페이지에 버금가는 디자인과 기능을 구현한 새로운 소셜 미디어 형태를 만드는 작업이 필요하다(더퍼블릭, 2020.6.16.). 따라서, 홈페이지형 블로그의 진행 프로세스는 전문 설문지 작성, 상담, 결제, 디자인, 수정 및 적용까지 6단계를 거쳐 이루어지게 된다(이넷뉴스. 2023.09.11.).

한편, 네이버 블로그를 활용하여 홈페이지 대용으로 사용 가능한 홈페이지형 웹사이트를 만들 수 있는 방법에 대해서는 아래의 사이트에서 자세하게 설명하고 있다.

① How to(how-to-learn.tistory.com)

ⓐ 홈페이지형 네이버 블로그 만들기(블로그 디자인 기획)

ⓑ 홈페이지형 네이버 블로그 만들기(디자인)

ⓒ 홈페이지형 네이버 블로그 만들기(제작하기)

② 홈페이지형 블로그의 제작 및 운영은 다음의 다양한 강좌 혹은 자료를 참고하면 된다.

ⓐ 30분만에 홈페이지형 블로그 만들기

(www.youtube.com/watch?v=RJCM_oIIqSIs)

ⓑ 홈페이지형 블로그 쉽게 만들기

(www.youtube.com/@user−kr1hu8he1r)

ⓒ 홈페이지형 블로그 만들기(creative−soul.tistory.com)

## 2. 홈페이지형 블로그 개발의 고려사항

네이버 블로그를 활용하여 홈페이지형 블로그를 개발할 때에는 먼저 홈페이지형 블로그의 용도 혹은 목적을 먼저 생각해야 하는데, 이것은 만들어야 하는 포토샵 이미지, 사용해야 하는 HTML 명령어 및 이미지호스팅 사이트의 활용 방법에 직접적으로 영향을 미치기 때문이다.

① 홍보의 목적으로 개발하는 홈페이지형 블로그인가? 홍보의 목적이라면, 다음의 두 가지 중에서 한 가지 방법을 생각해야 한다.

ⓐ 블로그 내에 모든 홍보 콘텐츠(텍스트, 이미지 및 동영상)를 등록할 것인가?

ⓑ 외부 사이트와 연계하여 다양한 홍보 콘텐츠(텍스트, 이미지 및 동영상)를 제공할 것인가?

② 홍보뿐만 아니라 상품판매를 함께 진행하는 홈페이지형 블로그인가? 홍보뿐만 아니라 상품판매를 동시에 진행하는 홈페이지형

블로그의 경우에는 다음의 두 가지를 고려해야 할 것이다.

ⓐ 블로그 내에서만 상품의 홍보 및 판매를 진행할 것인가?

ⓑ 블로그 및 외부 전자상거래 사이트를 함께 활용하여 상품판매를 진행할 것인가?

## 3. 홈페이지형 네이버 블로그의 개발 절차

네이버 블로그를 활용하여 홈페이지와 같은 웹사이트를 개발하고 운영하기 위해서는 아래와 같이 2단계로 진행하는 것이 필요하다.

① 네이버 블로그가 제공하는 다양한 메뉴를 활용하여 블로그를 개발한다.

② 위젯을 활용하여 홈페이지형 네이버 블로그를 완성한다.

### (1) 네이버 블로그의 개발

위에서도 언급하였듯이 홍보를 목적으로 개발하거나 홍보 및 상품판매를 동시에 진행하는 홈페이지형 블로그의 목적에 상관없이 개발절차에는 큰 차이가 없다고 할 수 있다. [그림 5-5]는 저자가 개발하고 있는 홈페이지형 네이버 블로그인데, 먼저 네이버 블로그 개발의 주요 내용 및 절차를 설명하면 아래와 같다.

① [타이틀]-[디자인]-[직접등록]-[파일등록]에서 포토샵으로 제작한 타이틀 이미지(가로 966px, 세로 50~600px)를 등록하였다.

② [카테고리 관리·설정]에서 블로그의 [카테고리 추가]를 클릭한 후에 좌측에 있는 25개의 카테고리를 설정하였다.

③ [상단메뉴 설정]-[상단 메뉴 지정]에서 타이틀 이미지 바로 아래의 상단 메뉴에 배치할 4개의 블로그 카테고리(김영문교수 창업학, 창업학 동영상강좌, 창업길라잡이, 인생역전/성공신화)를 선택하였다. 참고로 블로그 카테고리를 상단 메뉴에 배치하여 방문자

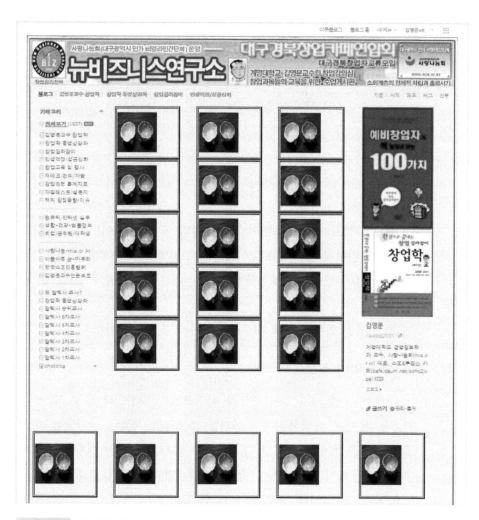

그림 5-5 홈페이지형 네이버 블로그

들이 더 쉽게 찾아볼 수 있도록 하며, 블로그 카테고리는 합쳐서 최대 4개까지 선택할 수 있다.

④ [블로그 정보]에서 포토샵으로 만든 138×408 크기의 [블로그 프로필 이미지]를 오른쪽에 등록하였다.

⑤ [관리]-[꾸미기 설정]-[세부 디자인 설정]에서 오른쪽의 [전체 박스]-[디자인]-[스타일]에서 하나를 선택한 후에 [적용]을 클

릭한다.

## (2) 위젯을 활용한 홈페이지형 네이버 블로그의 개발

위에서 홈페이지형 네이버 블로그를 개발하기 전에 기본적인 네이버 블로그를 개발하는 방법 및 절차에 대해 설명하였으며, 지금부터는 위젯(widget)을 사용하여 홈페이지형 네이버 블로그를 개발하는 절차에 대해 구체적으로 설명할 것이다. 한편, 컴퓨터 분야에서 사용되는 위젯(widget)이라는 용어는 이용자와 응용프로그램, 운영체계와의 상호작용을 보다 원활하게 지원해주는 그래픽 유저 인터페이스의 하나인 미니 애플리케이션을 의미하며(네이버 지식백과, terms.naver.com), 블로그, 카페, 홈페이지 등 웹사이트에 붙여서 사용할 수 있는 작은 프로그램이라고 할 수 있는 웹 위젯(Web Widget)도 있다(매경이코노미, 2010.05.19.).

① [네이버 블로그]−[내 메뉴]−[스킨변경]에서 스킨을 선택해야 하는데, 저자는 [솜사탕]을 선택하였다.

② [내 메뉴]−[세부 디자인 설정]−[레이아웃 변경]을 클릭한 후에 레이아웃을 셋팅하게 되는데, 이를 위해서는 먼저 [타이틀]에 있는 엑스(×)를 클릭한다. 하지만, [타이틀]이 그대로 있는 상태에서 [그림 5−6]에서 만든 위젯(widget)을 마우스로 끌어서 [그림 5−7]에서와 같이 [메뉴 형태] 바로 아래에 배치될 수 있으면 [타이틀]에 있는 엑스(×)를 굳이 클릭하지 않아도 된다.

③ 오른쪽 하단에 있는 [＋위젯직접등록] 메뉴에서 위젯을 만들어서 등록해야 하는데, 활용하고 싶은 외부사이트에 따라 HTML 명령어, 포토샵 이미지 및 이미지 호스팅 사이트를 활용하여 만들면 된다. 예를 들어, [＋위젯직접등록]을 클릭한 후에 [그림 5−6]에서 아래와 같이 설정한다.

ⓐ 위젯명에는 등록할 위젯의 이름을 입력하면 되는데, 8개의 위젯을 만든다고 생각하면 그냥 a1...a8을 입력해도 된다.

ⓑ 위젯코드입력에는 아래 형식의 HTML 명령어를 입력한다. 아래의 HTML 명령어는 이미지 호스팅 사이트에 있는 이미지를 불러온 후에 클릭하면 기업의 홍보를 위해 활용하고 싶은 외부사이트 주소로 링크를 시키는데, [제2부 제3장 웹사이트의 개발을 위한 HTML명령어]에 있는 HTML 명령어를 활용하여 만들면 된다.

```
<table width=150  height=120  border=3>
<tr><td>
  <a href="활용하고 싶은 외부사이트 주소" target=win1>
    <img src="이미지 호스팅 사이트에 있는 이미지 주소" width="90"
height="90">
  </a>
</td></tr>
</table>
```

ⓒ [그림 5-6]에서의 위젯코드 입력은 홈페이지형 블로그의 용도 혹은 목적에 따라 달라지게 된다. 또한 블로그 내에 있는 등록되어 있는 콘텐츠(텍스트, 이미지 및 동영상)로 링크를 할 때에 [활용하고 싶은 외부사이트 주소]에는 블로그에 등록한 콘텐츠의 오른쪽 상단에 자동으로 만들어지는 URL(uniform resource locator) 주소를 사용하면 된다.

④ [그림 5-5]에서 보면 8개의 위젯(a1부터 a8까지의 8개 위젯)을 만들어서 [그림 5-7]과 같이 배치를 하였는데, 이를 위해서는 위에서 설명한 것과 같이 [+위젯직접등록]을 클릭한 후에 HTML 명령어, 포토샵 이미지 및 이미지 호스팅 사이트를 활용하여 [그림 5-6]에서와 같이 8개의 위젯을 만들면 된다.

⑤ [그림 5-6]에서 만든 8개의 위젯은 [그림 5-7]의 [글 영역] 아래에 자동으로 배치가 되는데, 마우스로 끌어서 [그림 5-7] 에서와 같이 [메뉴 형태] 바로 아래에 배치시키면 된다.

그림 5-6 위젯 직접 등록

⑥ [그림 5-7]의 오른편에 있는 [메뉴사용설정]-[타이틀]을 클릭
하여 타이틀 이미지가 [메뉴 형태] 바로 위에서 다시 보이도록
한다.

⑦ [그림 5-7]의 맨 아래에 있는 [미리보기]를 클릭하여 8개의 위
젯이 정상적으로 배치가 되어 홈페이지형 네이버 블로그의 개발
이 완료되었다고 판단되면 [적용]을 클릭하면 된다.

한편, 네이버 블로그에서와 같이 위젯(widget)을 만들 수 없는 경우
에는 구글 블로그에서의 가젯 추가(Add a Gadget)를 활용하여 홈페이
지형 블로그를 만들 수 있다. 구글 블로그에서는 [다른 웹 사이트의
링크가 포함된 페이지 만들기]를 활용하여 홈페이지형 블로그를 만들

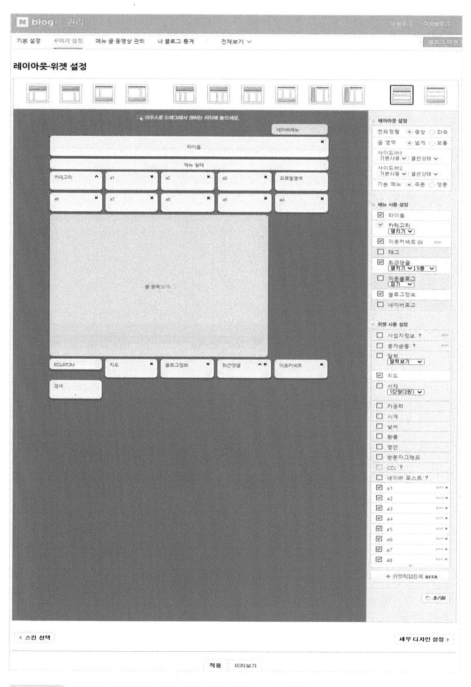

**그림 5-7** 위젯을 활용한 홈페이지형 네이버 블로그의 개발

수 있는데, 위젯(widget)은 사용할 수 없더라도 포토샵 이미지, HTML 명령어 및 이미지 호스팅 사이트의 3가지를 사용할 수 있으면 얼마든지 가능하다. 또한 홍보뿐만 아니라 상품의 판매도 가능한 전자상거래 사이트 혹은 인터넷쇼핑몰도 얼마든지 개발 및 운영할 수 있다.

**참고** 포털사이트 네이버에서 검색하여 찾은 홈페이지형 블로그 제작 전문기업들은 다음과 같다. 이러한 전문기업들이 제작한 다양한 홈페이지형 블로그들을 벤치마킹(benchmarking)하면서 HTML 명령어, 포토샵 이미지 및 이미지 호스팅 사이트를 어떻게 활용하는지를 살펴보는 것은 기업의 경영성과 향상에 도움이 되는 홈페이지형 블로그의 개발 및 운영에 많은 도움이 될 것이다.

① 퍼스트블로거(www.firstblogger.co.kr)

② 에이디커뮤니케이션(www.adcomm.kr)

③ 고르다 Design(gorda.kr)

④ 김가네마케팅세상(www.k－marketing.co.kr)

# CHAPTER 3

# 구글 블로그를 활용한 웹사이트의 개발 및 운영

## 1. 구글 블로그의 개설

블로그(Blog)는 1997년 10월 23일에 미국 프로그래머 존 바거(jorn barger)에 의해 처음 등장했으며, 대표적 사이트로 블로거닷컴(Blogger. com)이 있다. 1999년에 설립된 블로거닷컴은 블로그가 세계적으로 확산되는데 기여한 대표적인 사이트였으며, 2002년에는 세계적인 유명 IT 기업인 구글에 인수되었다(네이버 지식백과, terms.naver.com).

한편, 구글 블로그를 개발하는 절차에 대해서는 Blogger 고객센터에 있는 [블로그 만들기]에서 확인할 수 있는데, 구체적인 것은 아래의 웹 사이트 주소에서 확인할 수 있다.

[웹 사이트 주소] support.google.com/blogger/answer/1623800?hl=ko

① Blogger(www.blogger.com)에 로그인한다.
② 왼쪽에서 아래쪽 화살표 아래쪽 화살표를 클릭한다.
③ 새 블로그를 클릭한다.
④ 블로그 이름을 입력한다.
⑤ 다음을 클릭한다.
⑥ 블로그 주소 또는 URL을 선택한다.
   ([예] https://newbiz2001.blogspot.com)
⑦ 저장을 클릭한다.

한편, 구글 블로그를 만든 후에는 아래와 같은 몇 가지의 작업이 추가로 필요하며([그림 5-8] 참고), 수시로 다양한 콘텐츠를 등록하면 된다.

① 블로그 홈(www.blogger.com/home)에서 Theme을 클릭한 후에 테마(예: Simple Bold)를 선택한다.

② 포토샵으로 직접 만든 블로그의 헤더(Header) 이미지를 등록해야 하는데, [Layout]－[Header]에서 등록하면 된다.

③ 프로필을 등록하는 것도 필요한데, Edit User Profile(www.blogger.com/edit－profile.g)에서 등록하면 된다.

④ 블로그에 다양한 콘텐츠를 등록하기 위해서는 블로그 홈의 왼쪽 상단에 있는 [＋NEW POST]를 클릭하여 등록하면 된다.

그림 5-8  구글 블로그

## 2. 다른 웹 사이트의 링크가 포함된 페이지 만들기

구글 블로그에서는 기업에서 운영하고 있는 다른 웹 사이트의 링크 (link)가 포함된 페이지를 아래의 순서로 만들 수 있는데([그림 5-9] 참고), 그것은 구글 블로그에서 HTML 명령어, 포토샵 이미지 및 이미지 호스팅 사이트(image hosting site)를 활용하여 다른 웹 사이트 혹은 구글 블로그에 등록되어 있는 글(혹은 콘텐츠)로 링크가 되도록 할 수 있다는 것을 의미이다.

① Blogger(www.blogger.com)에 로그인한다.

② 왼쪽 상단에서 블로그(B)를 선택한다.

③ 왼쪽 메뉴에서 Layout(레이아웃)을 클릭한다.

④ 페이지를 표시하려는 섹션([예] Cross-Column)에서 가젯 추가 (Add a Gadget)를 클릭한다.

⑤ HTML/JavaScript를 클릭한 후에 Title 및 Content를 작성하면 되는데, Content에서는 HTML 명령어를 활용하여 홍보하고 싶은 다른 웹 사이트들의 링크를 추가하면 된다. 아울러 이미지 호스팅 사이트에 등록된 이미지도 <img src=""> 명령어를 활용하여 불러올 수 있다.

⑥ SAVE를 클릭하여 저장한다.

⑦ View blog를 클릭하여 블로그에서 다른 웹 사이트들에 대해 정상적으로 링크가 되는지를 확인한다.

그림 5-9 링크가 포함된 페이지 만들기

한편, [그림 5-9]에서는 HTML 명령어를 활용하여 홍보하고 싶은 Daum카페, Naver카페, 구글 블로그, 밴드 및 인스타그램의 링크를 추가하였다. 또한 이미지 호스팅 사이트에 등록된 상품이미지를 <img src=" "> 명령어를 활용하여 불러온 후에 이미지를 클릭하면 상품을 구매할 수 있는 전자상거래 사이트 혹은 인터넷쇼핑몰의 상품구매 페이지로 링크가 되도록 만들어 보았다.

[그림 5-9]에서 만들어 본 링크가 포함된 페이지는 아직은 미완성이지만, 구글 블로그에서는 포토샵 이미지, HTML 명령어 및 이미지 호스팅 사이트의 3가지를 활용하여 기업에서 개발하여 운영하고 있는 모든 홍보 사이트들과의 연동이 가능하다. 이를 활용하여 기업의 홍보 효과를 극대화시킬 수 있는데, 이러한 경우에 구글 블로그는 기업의 여러 홍보 사이트들을 연결하는 메인 혹은 시작페이지의 역할을 담당하게 된다.

## 3. 홍보 및 전자상거래 사이트 만들기

위에서 설명한 [다른 웹 사이트의 링크가 포함된 페이지 만들기]를 활용하면, 구글 블로그를 홈페이지형 블로그 혹은 전자상거래 사이트의 개발 및 운영도 가능하다. 이를 위해서는 다음과 같은 방법으로 진행하면 된다.

① 포토샵으로 상품이미지를 만들어서 상품 이미지 호스팅 사이트에 등록한 후에 <img src="이미지 주소"> 명령어를 사용하여 구글 블로그에 불러와서 보여준다.

② 구글 블로그에 불러온 상품이미지를 클릭하면, HTML 명령어를 활용하여 기업 홍보를 위 한 웹사이트, 전자상거래 및 인터넷쇼핑몰의 상품 주문페이지로 링크시킬 수 있다.

③ 홍보 및 판매하고 싶은 상품이 많은 경우에는 TABLE 명령어를 활용하여 [그림 5-9]에서와 같이 전자상거래 혹은 인터넷쇼핑몰의 메인 화면처럼 만들면 된다.

④ 위에서 설명한 3가지(①, ② 및 ③)를 효과적으로 진행하기 위해서는 제2부, 제3부 및 제4부의 내용을 참고하면 되는데, 특히 [제2부 제2장 포토샵 이미지를 서버에 등록하기]를 이해하고 효과적으로 활용하는 것이 중요하다.

# ▎참고문헌 ▎

[컴퓨터의 활용과 실무]에 관한 저서를 집필함에 있어 인용하였거나 참고한 모든 문헌에 대해서는 감사의 말씀을 드리면서, 혹시라도 참고문헌에 모두 포함하려고 하였으나 고의가 아닌 실수로 인해 누락된 참고문헌도 있을 수 있다고 생각합니다. 그러한 경우에는 메일(isoho2jobs@gmail.com)로 꼭 알려주시면, 반드시 포함시키도록 하겠습니다.

김석주, 홈페이지 만들기, 가남사, 1997.08.25
김영문, 성공창업을 위한 홍보와 광고전략, 집현재, 2015.07.07
네이버 지식백과, terms.naver.com
다음 백과사전, 100.daum.net
더퍼블릭, "블로그 생산량 역대 최고치 돌파 '홈페이지형 블로그 제작' 선보여", 2020.06.16.
디지털데일리, "'스무살' 네이버 블로그, 제2의 전성기에 숨은 노력", 2023.11.2.
롤스토리디자인연구소, www.youtube.com/@rollstor
매경이코노미, "[똑똑상식] 위젯(widget)", 2010.05.19.
무료 홈페이지 만들기, blog.naver.com/jamomanagement/222584690139
베리타스알파, "대구 달구벌고, 구글 사이트 도구를 이용한 온라인 수업 접속 관리", 2020.04.08.
브릿지경제, "인터넷 홈페이지보다 저렴하고 유지·보수 편리한 '홈페이지형 블로그' 선호", 2017.8.9.
블루래더, "무료 홈페이지 제작 방법", 2022.06.20.
에우세비오, www.youtube.com/@user-ou2vl9wl6q
에이콘아카데미, "HTML: 웹 페이지의 구조를 정리하는 언어", 2023.09.18.
웹이즈프리닷컴, "폼태그에서 그룹화하는 fieldset 태그", 2016.07.01.

위키백과, HTML 편집기, 2013년 6월

윅스로 무료 홈페이지 만들기, blog.naver.com/rproud1/222703392309

윅스(Wix)로 하루만에 홈페이지 만들기, reddreams.tistory.com/1358

윅스(WIX)에서 홈페이지와 로고 만들기, funfunhan.com/2477447

이넷뉴스, "쓰리피디자이닝, 홈페이지형 블로그 제작 서비스 론칭". 2023.09.11.

이미지맵 만들기, blog.naver.com/skwlstjd012/220323709545

전자신문, "후이즈, 이미지호스팅 50메가 무료 서비스 실시", 2005.05. 23.

참다운 현불사 지킴이, cafe.daum.net/charmhbs

포완카님의 블로그, blog.naver.com/no1_powanca

투피쉬, "홈페이지 만들기", 2021.06.08.

한국경제, "포워딩서비스 인기몰이", 2000.08.23.


blog.naver.com/bigdra/140002451422, "프레임 나누기 강좌(frame)", 2004.5.13.

blog.naver.com/yin1957. "HTML 문서 연결하기", 2003.10.22.

BrandNew, "[HTML] <address> 태그", 2022.01.05.

crone.tistory.com/309, "HTML 이미지맵(image map) 좌표 링크 설정 방법", 2021.03.19.

CWN, "웹플로우 vs 윅스, 간단한 웹사이트 개발 시 더 좋은 노코딩 플랫폼은?", 2022.09.02.

dev−chim.tistory.com, "[HTML] video vs iframe, 어떤 것이 더 적합 할까?", 2023.4.11.

dondok.tistory.com, "HTML 테이블 태그로 표 만들고 사용법 정리", 2022.06.03.

IB96 채널, www.youtube.com/@IB969

rescue_team_119, "HTML 종류 알고 싶다면", 2023.04.18.

rgy0409.tistory.com/2881, "HTML 사진에 링크를 거는 이미지맵(area, map 태그) 설정 방법", 2018.09.20.

sendit.tistory.com/58, "HTML 특수 문자 특수 기호 사용하기 HTML5". 2020.06.23.

subprofessor.tistory.com, "[HTML] 항목, 리스트 만들기", 2022.08.28.

www.grabbing.me, URL 구조 이해하기


aboooks.tistory.com/205

blog.naver.com/dml21wjd

blog.naver.com/hyoyeol

blog.naver.com/no1_powanca/204729887

cafe.daum.net/charmhbs

data－flow.co.kr/marketing/homeblog

egloos.zum.com/aierse

how－to－learn.tistory.com

ko.wikipedia.org

mainia.tistory.com/2348

math.ewha.ac.kr/~jylee

photos.google.com

thirdhz7.tistory.com/139

www.lifewire.com/top－free－image－hosting－websites－1357014

www.lifewire.com/free－image－hosting－sites－3486329

www.sindohblog.com/1138

## 저자 소개 및 주요 경력

현, 계명대학교 경영대학 경영정보학전공 교수
현, 계명대학교 경영대학 경영빅데이터전공 겸임교수
현, 사회복지사 및 ISO(9001/14001) 국제심사원
사단법인 한국소호진흥협회 설립 및 회장
사랑나눔회(대구광역시 인가 비영리민간단체) 설립 및 회장
계명대학교 벤처창업보육사업단 단장 및 창업지원단 단장
대한민국 최다 창업서적 출판/한국 창업시장 움직이는 50인 선정
전국 최우수 창업보육센터장/정보통신부 및 산업자원부 장관 표창
미국 캔사스주립대학(Kansas State Univ.) 경영학석사(MBA)
미국 미시시피대학(Univ. of Mississippi) 경영학박사(MIS전공)

## 컴퓨터의 활용과 실무

2024년 1월 20일 초판 인쇄
2024년 1월 30일 초판 1쇄 발행

저 자 김 영 문
발행인 배 효 선

발행처 도서출판 法 文 社

주 소 10881 경기도 파주시 회동길 37-29
등 록 1957년 12월 12일/제2-76호(윤)
전 화 (031)955-6500~6 FAX (031)955-6525
E-mail (영업) bms@bobmunsa.co.kr
(편집) edit66@bobmunsa.co.kr
홈페이지 http://www.bobmunsa.co.kr
조 판 법 문 사 전 산 실

정가 20,000원

ISBN 978-89-18-91465-7